Tourism NOW: Kulinarischer Tourismus

Prof. Dr. Jens Rüdiger ist Professor für Tourismusmanagement an der IU Internationale Hochschule in Mannheim. Nach der Ausbildung zum Koch und mehreren beruflichen Stationen in Deutschland und der Schweiz absolvierte er den Küchenmeisterlehrgang in Heidelberg und die Hotelfachschule Belvoirpark in Zürich (*Dipl. Hôtelier-Restaurateur HF*). Er studierte an der Hochschule Geisenheim Weinbau und Oenologie (*B.Sc.*) und an der Justus-Liebig-Universität Gießen Oenologie (*M.Sc.*).

Jens Rüdiger

Tourism NOW: Kulinarischer Tourismus

Reisen zwischen Genuss, Erleben und Gastlichkeit

UVK Verlag · München

Umschlagabbildung: © Eloi_Omella · iStockphoto
Bild Autor Michael Mibs: © privat

Bibliografische Information der Deutschen Nationalbibliothek
Die Deutsche Nationalbibliothek verzeichnet diese Publikation in der Deutschen Nationalbibliografie; detaillierte bibliografische Daten sind im Internet über http://dnb.dnb.de abrufbar.

DOI: https://doi.org/10.24053/9783739882062

- ein Unternehmen der Narr Francke Attempto Verlag GmbH + Co. KG
Dischingerweg 5 · D-72070 Tübingen

Internet: www.narr.de
eMail: info@narr.de

CPI books GmbH, Leck

ISSN 2702-7821
ISBN 978-3-7398-3206-7 (Print)
ISBN 978-3-7398-8206-2 (ePDF)
ISBN 978-3-7398-0615-0 (ePub)

FSC
www.fsc.org
MIX
Papier aus verantwortungsvollen Quellen
FSC® C083411

Inhalt

Vorwort

„Essen ist ein Bedürfnis, genießen ist eine Kunst."
François VI. Duc de La Rochefoucauld (1613–1680)

Essen und Trinken sind elementare Bestandteile einer jeden Reisen. Sind deshalb alle Reisenden kulinarische Touristen? Oder ist es möglich, kulinarischen Tourismus abzugrenzen? In einer zurückliegenden Wissenschaftskonferenz hatte ich hierzu eine interessante Diskussion rund um die Frage, ob es generell von Nöten sei, solche genauen Unterteilungen und Abgrenzungen vorzunehmen. Die Frage ist durchaus berechtigt, wenngleich ich diese eindeutig mit „ja" beantworte. Nicht nur, dass die Nachfrage und dadurch auch das Angebot an kulinarischen Leistungen immer mehr in den Fokus von Reisenden rückt. Auch die Thematisierung von Kulinarik in der jeweiligen Destination steht für weit mehr, denn sie ist oftmals ein kulturelles Erbe, welches es zu bewahren gilt. Da ich zehn Jahre meines Lebens als Koch, Patissier und Küchenchef in verschiedensten Sternerestaurants und Hotel gearbeitet habe, als Winzer einen Teil der Kulinarik lebe und als Wissenschaftler die Generierung von Wissen meine Profession ist, kenne ich die Kulinarik und den Tourismus aus unterschiedlichen Blickwinkeln. Meine Erfahrungen und Beobachtungen machen es für mich unabdingbar, mich tiefergehend mit dem *kulinarischen Tourismus* zu beschäftigen.

Das Thema *Kulinarik* beschäftigt immer mehr Menschen: Sie möchten wissen, wo und wie ihre Lebens- und Genussmittel produziert werden, das „selbst Kochen" erfährt eine Renaissance. So ist es auch nicht verwunderlich, dass Destinationen und Reiseveranstalter Kulinarik als Teil des Angebotsportfolios für sich erkannt haben. In Destinationen werden – national wie international – Angebote geschaffen, bestehende kulinarische Angebote angepasst, um sich so auf dem Markt neue Zielgruppen zu erschließen oder sich im touristischen Markt zu etablieren. Mit der Zunahme der Nachfrage und des Angebots geht auch eine vermehrte Zahl an wissenschaftlichen Veröffentlichungen in Sammelbeiträgen und Journalartikeln einher. Da bis dato Monografien im Bereich des kulinarischen Tourismus noch Seltenheitswert haben, ist dieses Buch entstanden, um Dozierenden, Studierenden und Praktikern einen ersten gesammelten Eindruck der Materie rund um den kulinarischen Tourismus zu vermitteln.

Als Grundlage für dieses Buch diente eine Vielzahl nationaler und internationaler wissenschaftlicher Untersuchungen und Publikationen. Ergänzt wurde diese Grundlage durch eigene Untersuchungen, die neue Aspekte des kulinarischen Tourismus beleuchtet und die gezielt für dieses Buch erhoben wurden. Betriebswirtschaftliche Grundlagen und Ableitungen der Tourismuswissenschaft bilden dabei die Basis für diese Publikation. Im Mittelpunkt stehen Merkmale und Motive von kulinarischen Touristen, die Besonderheiten und Bedeutung von kulinarischem Tourismus und die Ausprägungen, die der kulinarische Tourismus mit sich bringt. Hierbei werden die Vermarktungsoptionen und die Erlebnisgenerierung betrachtet, sowie Querverbindungen zu anderen Teilmärkten des Tourismus wie Wein- oder Radtourismus hergestellt. Selbstverständlich mussten wie bei jeder Monografie Abstriche in den Themengebieten und im Umfang der Betrachtung getroffen werden, da das Forschungs- und Publikationspotenzial im Bereich des kulinarischen Tourismus erst am Anfang steht. Hier bieten sich noch unzählige Möglichkeiten und Facetten.

Bei der Recherche, den durchgeführten Umfragen und beim Schreiben bin ich auf vielfältige Weise unterstützt worden. Hierfür möchte ich mich bei allen Beteiligten herzlich bedanken.

Darüber hinaus danke ich meinen beiden Interviewpartnern Hansjörg Mair, Geschäftsführer der Schwarzwald Tourismus GmbH, und Stefan Wemhoener, Geschäftsführer von der Tourist Service GmbH Deidesheim, dass sie ihre langjährigen Erfahrungen als Destinationsmanager geteilt haben. Die Interviews sind auszugsweise in diesem Buch abgedruckt und die berichteten Hintergründe spiegeln sich auch in anderen Teilen des Buchs wider. Bedanken möchte ich mich auch bei Rainer Berger vom UVK Verlag, in dessen Händen sich jeder Autor nur gut betreut fühlen kann.

Mein besonderer Dank gilt meiner Frau Dr. Sigune Wieland für die Korrektur, die konstruktive Kommentierung des Manuskripts und ihre Unterstützung. Außerdem danke ich unseren Kindern Lina, Gian und Ella Rüdiger, die mir zeigen, wie wichtig es ist, Kulinarik als Teil unserer Kultur zu bewahren.

Mannheim, im Sommer 2023
Jens Rüdiger

Genderhinweis
Aus Gründen der Lesbarkeit verzichtet der Autor auf die verkürzte Formen zur Kennzeichnung mehrgeschlechtlicher Bezeichnungen im Wortinneren und verwendet in der Regel das generische Maskulin. Damit folgt er der Empfehlung des „Rats für deutsche Rechtschreibung" vom 26.03.2021.

Fünf Dinge, die Sie über den kulinarischen Tourismus wissen müssen!

① Touristisches Markenimage

Kulinarischer Tourismus kann dazu beitragen, dass sich Destinationen ein *Differenzierungsmerkmal* gegenüber Mitbewerbern erarbeiten und somit ein *Wettbewerbsvorteil* entsteht. Dieser macht sich zum einen durch Angebote innerhalb der Destination, aber auch durch die Umsetzung der Essens- und Getränkeerlebnisse der einzelnen Anbieter bemerkbar.

traditionelles Handwerk

② Kulturelle Identität

Kulinarische Produkte und deren Verarbeitung sind immer untrennbar mit dem *Ort ihrer Entstehung* verbunden. Kulinarik als Teil des *Kulturtourismus* spiegelt das kulturelle und historische Erbe einer Region wider und prägt die Menschen dieser Region. Kulinarik ist Ausdruck lokaler Konsumgewohnheiten, von Anbau- oder Herstellungspraktiken und steht im direkten Kontakt mit dem kulinarischen Wissen und den Bräuchen, die in Verbindung miteinander die *Identität einer Destination* schaffen.

③ Regionale Produzenten

Kulinarischer Tourismus ist geprägt durch *regionale Genuss- und Lebensmittel*. Dabei finden sich im *Leistungsbündel* der regionalen Produzenten unterschiedliche Akteure von Weingütern, Käsereien, Brennereien, Bauernhöfen, Molkereien, Imkerbetrieben oder auch Fischzuchtbetrieben. Regionale Produzenten, die neben der eigentlichen Produktion unterschiedliche kulinarische Veranstaltungen anbieten, bieten Touristen den *direkten Kontakt* mit den jeweiligen Produkten. Auf der anderen Seite bietet der kulinarische Tourismus Produzenten die Möglichkeit, ihre Produkte *direkt* an die Konsumenten abzusetzen und durch Veranstaltungen *zusätzliche Einnahmen* zu generieren.

schwimmende Märkte in Thailand

④ Kulinarische Erlebnisse

Die *Erlebnisinszenierung* zeichnet den Kern von gelungenen kulinarischen Angeboten aus. Erlebnisse sind ein wichtiger Anreiz für ein Reiseziel. Unvergessliche Essens- und Getränkeerlebnisse werden direkt mit einer höheren Reisezufriedenheit und positivem Weiterempfehlen verbunden. Diese Essens- und Getränkeerlebnisse haben eine direkte Auswirkung auf die Entwicklung und Ausprägung des *Images* einer touristischen Destination und der Akteure innerhalb des Leistungsbündels.

Street-Food-Festivals

⑤ Kooperationen im kulinarischen Tourismus

Initiativen, die regionale Direktvermarkter und Anbieter von kulinarischen Angeboten *vernetzen*, kommen dem touristischen Angebot innerhalb der Destination zugute. Dabei profitieren insbesondere die Beherbergungsbetriebe und Gastronomie von starken regionalen Anbietern. Aber auch die Kooperationsfähigkeit unter diesen Anbietern ist die Voraussetzung, um den kulinarischen Tourismus innerhalb der Destination zu stärken.

1 Kulinarischer Tourismus – Relevanz von Essen auf Reisen

Der Konsum regionaler und saisonaler Lebensmittel hat sich in den vergangenen Jahren zu einem Megatrend entwickelt (Semmer, 2012). Der Ernährungsreport 2021 des Bundesministeriums für Ernährung und Landwirtschaft bestätigt: Der Aspekt von regionalen Lebensmitteln rückt bei Verbrauchern immer stärker in den Fokus der Kulinarik (BMEL, 2022). Produktion, Herkunft und Zubereitung von Lebens- und Genussmittel nimmt in der Wahrnehmung der Deutschen eine immer zentralere Rolle ein (Harms & Köchling, 2021). Verstärkt wurde die ohnehin deutliche Zunahme des Trends zum „selbst kochen" außerdem durch die Coronapandemie (Hemmi & Brombach, 2020) mit der sprunghaften Zunahme der Nachfrage nach Kochboxen in Deutschland (Gillner, 2021).

Wissen | Kochbox

Eine Kochbox enthält eine vorportionierte Menge an Zutaten für eine definierte Anzahl an Gerichten. Enthalten sind in Kochboxen die zugehörigen Rezepte mit bebilderten Anweisungen, dadurch wird der Kunde Schritt für Schritt durch den Prozess des Kochens begleitet (Gillner, 2021).

Jedoch ist das Interesse an Kulinarik generell von zunehmender Bedeutung: Eine Erhebung des *Statista Global Consumer Survey* aus dem Jahr 2021 zu den Interessen der Österreicher in der Freizeit belegt, dass 49 Prozent der 12.308 Befragten Essen und Kulinarik als Freizeitinteresse sehen (Statista Global Consumer Survey, 2022). Es ist daher naheliegend, dass dieses Interesse nicht nur im alltäglichen Umfeld, sondern auch im Urlaub oder auf Reisen eine immer wichtigere Rolle spielt. So gaben im Jahr 2019 58 Prozent der 1.540 Befragten im Rahmen einer Studie durch die *Utopia GmbH* an, dass sie während ihrer letzten Urlaubsreise auf den Konsum von regionalen und Bio-Lebensmittel geachtet haben (Utopia GmbH, 2021). Dieser Trend zahlt ebenfalls auf die Annahme der steigenden Bedeutung von Kulinarik im Bereich Tourismus ein (Harms & Köchling, 2021). Das verbraucherseitige Interesse ist dabei altersunabhängig, wenngleich mit zunehmendem Alter steigend (Rüdiger, 2022a). Weitergehende Studien dazu finden sich bei Stone und Migacz (2016), die mit ihrer Untersuchung belegen, dass Freizeitreisende, die sich um die Thematik Kulinarik drehen, stetig ihr Gewicht steigern. Abgesehen von individuellen Interessenslagen prägen Essen und Trinken natürlich als wesentliche Bestandteile nicht nur den menschlichen Alltag (Wagner, 2015), sondern die Identität ganzer Regionen und Kulturen (Klein & Rein, 2014; Moira et al., 2015) und sind Möglichkeit zur Kommunikation und des Zusammenkommens (Hayn et al., 2005). Die Kulinarik einer Urlaubsdestination bietet Reisenden damit einen ansprechenden und integrativen Rahmen, Kultur im praktischen Erleben direkt kennenzulernen. Generell nimmt der Wunsch nach authentischer Küche in Verbindung mit der Reiseaktivität zu, da Reisende vermehrt nach Erlebnissen suchen, die die Neugier nach fremden Speisen oder Kulinarik stillen (Pauser, 2002). So sind Essenserlebnisse ein wichtiger Anreiz für oder gegen ein Reiseziel: Nach Stone und Migacz (2016) sind unvergessliche Essens- und Getränkeerlebnisse direkt mit einer höheren Reisezufriedenheit und positivem Weiterempfehlen verbunden. Es zeigt sich damit, dass Essens- und Getränkeerlebnisse eine direkte Auswirkung auf die Entwicklung und Ausprägung des Images einer touristischen Destination haben (Harrington & Ottenbacher, 2013).

Bisweilen richtet sich das Hauptaugenmerk im Bereich des kulinarischen Tourismus auf den Weintourismus. Aufgrund der praktischen Bedeutung und der vielseitigen Verbindung von Essen und Trinken zu unterschiedlichen touristischen Schwerpunktbereichen ist es jedoch wichtig, kulinarischen Tourismus in seiner vielseitigen Gänze mehr Aufmerksamkeit zu schenken.

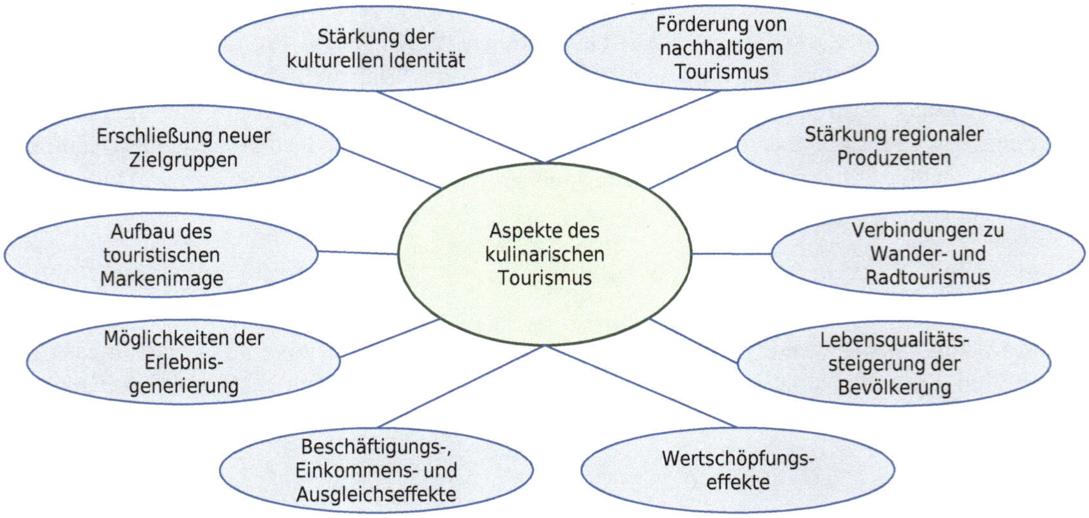

1 | Kulinarischer Tourismus tangiert unterschiedliche Aspekte des Tourismus, der Wirtschaft, der Destinationsentwicklung und des sozialen Zusammenlebens

Auch wissenschaftlich zeigt sich zunehmendes Interesse im Bereich der Kulinarik: Everett (2016) stellte fest, dass Lebensmitteltourismus oder kulinarischer Tourismus zu einem eigenständigen Sektor im Tourismus lanciert. Neben vermehrten nationalen und internationalen wissenschaftlichen Konferenzen zum Thema kulinarischer Tourismus, zeigen internationale populäre akademische Bücher wie

- *Food Tourism around the World* (Hall et al., 2003),
- *Foodies & Food Tourism* (Getz et al., 2014) und
- *The Future of Food Tourism* (Yeoman et al., 2015)

das große akademische Interesse.

1.1 Was ist kulinarischer Tourismus?

Für die Verbindung von Reisen und Kulinarik finden sich in der wissenschaftlichen Literatur sehr unterschiedliche Namen: Verkostungstourismus, Gourmettourismus, Food-Tourismus, Lebensmitteltourismus, Gastronomietourismus und kulinarischer Tourismus sind nur einige Beispiele (Ellis et al., 2018; Getz et al., 2014; Wolf, 2014). Dennoch zeigen die Begriffe in ihrer Unterschiedlichkeit eine Evidenz in Bezug auf das Kernthema Kulinarik: Wenngleich Begriffe wie Gourmettourismus, Gastronomietourismus oder Verkostungstourismus auch bestimmte Segmente innerhalb der Kulinarik anvisieren, können sie doch unter dem Überbegriff des *Kulinarischen Tourismus* subsumiert werden.

Die Kulinarik einer Destination kann einen wesentlichen Bestandteil in der Motivation bei einer Reise und Urlaubsplanung darstellen (Hall & Sharples, 2003). Auch wenn nicht alle Urlauber die Kulinarik gleich hoch einstufen, ist sie immer mit einer Erwartungshaltung von Touristen in Bezug auf ihren Urlaub verknüpft. Kulinarik nimmt damit in der Bewertung von Urlaubserlebnissen eine elementare Rolle ein, um positiv in der Gegenwart empfunden zu werden, in Erinnerung zu bleiben und schlussendlich zu einer Weiterempfehlung der Destination zu führen (Stone et al., 2019). So ist es nicht verwunderlich, dass die Bedeutung von *Genuss* bei unterschiedlichen Befragungen in Bezug auf die Urlaubsmotivation als prioritär eingestuft wird. Konsum in Form von „Essen und Trinken“ als basaler Bestandteil einer Reise hat sich weitestgehend zu einem elementaren Bestandteil der touristischen Erlebniskultur gewandelt (Getz et al., 2014). Das spiegelt sich auch in den Reiseausgaben wider:

> So werden 30 Prozent aller Urlaubsausgaben für Essen und Getränke aufgewendet (UNWTO, 2012).

Für Anbieter verkörpert Kulinarik und das damit verbundene Image einen wichtigen Pull-Faktor, um Touristen für eine Destination zu begeistern (Berg & Sevon, 2014). Kulinarik steht damit auch durch das Genuss- und kulinarische Versprechen sowie Anpreisungen für ein Vermarktungsinstrument, das in verschiedensten touristischen Angebotsformen eingesetzt wird. Beispiel dafür ist der Kreuzfahrttourismus, bei dem auch zunehmend die Kulinarik an Bord zum Verkaufsargument lanciert (Schulz, 2020). Auch hier ist Kulinarik ein wichtiger Bestandteil des Urlaubserlebnisses. Die unterschiedlichen Perspektiven von Kulinarik, mit denen Urlauber und Reisende in Berührung kommen und die als Pull-Strategie der Anbieterseite dienen, zeigt folgender Überblick (Feineis & Peters, 2015):

- der Konsum von Getränken und zubereiteten Speisen
- Teilhabe bei der Produktion von Rohstoffen
- die eigene Verarbeitung von Produkten
- die Nahrungsmittelbewertung, der Einkauf von Grundprodukten
- die Bewertung im Rahmen einer Verkostung
- die Teilhabe bei kulturellen Veranstaltungen in Verbindung mit Speisen und Getränken

1.2 Ausprägungen des kulinarischen Tourismus

Kulinarischer Tourismus, Gastronomie oder gastronomischer Tourismus, Verkostungstourismus, Gourmettourismus, Cuisine-Tourismus, Essen&Wein-Tourismus, Weintourismus, Biertourismus und einige mehr – bei zunehmendem akademischen Interesse an der Thematik des *Kulinarischen Tourismus* führen unterschiedliche Begrifflichkeiten, die in Bezug auf den kulinarischen Tourismus verwendet werden, zu begrifflichen Überschneidungen und Terminologie-Verwirrungen (Williams et al., 2014). Da die Kulinarik einer Destination auch immer die Kultur des Reisziels widerspiegelt, wird der kulinarische Tourismus unter den Bereich des Kulturtourismus subsumiert, bei dem das Erlebnis der Kulinarik im Fokus steht (Peters, 2020). Kulinarik und deren Erleben stellt dabei immer einen Bestandteil der Kultur der besuchten Destination dar und steht damit in Bezug auf die Reisemotivation an der Spitze. Da Kulinarik jedoch durch die notwendige Nahrungsaufnahme natürlicher Bestandteil jeder beliebigen Reise ist, muss die reine Verpflegungstätigkeit vom kulinarischen Tourismus abgegrenzt werden. Nach Wolf (2006) beschreibt kulinarischer Tourismus eine Kombination aus Reisen, Erkundungen und Genießen von lokaler Kulinarik und unterscheidet sich damit grundlegend von der eigentlichen Verpflegungstätigkeit.

> Allgemein wurden Getränke und Lebensmittel als Teil des touristischen Produktes lange Zeit vernachlässigt ebenso wie die damit verbundene kulturelle Identifikation. Erstmals wurden kulinarische Reisen in den 2000er-Jahren angeboten und damit einhergehend auch die Tradition des kulinarischen Kulturerbes gestärkt.

Dies zeigt sich in der vermehrten Gestaltung von Landkarten und Informationsmaterial zur Esskultur einer Destination (Long, 2012). Die kulinarische und gastronomische Tradition ist damit untrennbarer Bestandteil eines Landes oder einer Region, da diese auch immer die Lebensweise und Glaubenssysteme einer Gemeinschaft widerspiegeln. Essen und Trinken prägen so auf ganz natürliche Weise die Identität von Regionen und Kulturen (Klein & Rein, 2014; Moira et al., 2015). In der englischsprachigen Literatur haben sich für die Bezeichnung

- *Culinary Tourism* (kulinarischer Tourismus) (Getz et al., 2014) oder
- *Food Tourism* (Lebensmitteltourismus) (Wolf, 2014)

durchgesetzt. Kivela und Crotts (2006) merken an, dass die Definition für *Food Tourism* auch immer auf Getränke anzuwenden ist – eine einheitliche Definition für diese Form des Tourismus existiert aber nicht. Im Gegensatz zu *Food Tourism* bezieht sich der Begriff des *Culinary Tourism* nicht nur auf die Lebensmittel allein, sondern beinhaltet auch die Zubereitungsmethoden, die Konsumation und den sozialen Kontext (Ignatov & Smith, 2006). Allerdings stößt die definitorische Eingrenzung des Begriffes des *Kulinarischen Tourismus* immer wieder an ihre Grenzen. Da bei einer Reise immer von einem Motivbündel ausgegangen werden muss, ist die Hauptmotivation einer Reise nicht immer klar abzugrenzen. Auch Hall und Sharples (2003) kämpfen mit dieser Abgrenzungsproblematik: Sie sprechen von *Gourmet Tourism*, *Gastronomic Tourism* und *Cuisine Tourism* wenn Essen und Trinken das primäre Reisemotiv darstellt. Aber auch sie sehen das Reisemotiv gepaart mit anderen Motiven gleicher Intensität. So ist bei einem Wanderurlaub in den Bergen, bei dem jeden Abend ein Sternerestaurant besucht wird, nicht klar abzugrenzen, ob die Hauptmotivation dem Wandern oder der Kulinarik gilt. Weiterhin ergibt sich die Schwierigkeit der Trennung zwischen speisegeprägtem und getränkegeprägtem Tourismus – Beispiele sind der Weintourismus und der Besuch eines Produktionsbetriebes wie einer Käserei.

Die unterschiedlichen Ausprägungen kategorisiert Wagner (2015) in vier unterschiedliche Typologien des kulinarischen Tourismus:

- **gastronomischer Kulturtourismus**
  u.a. Schlemmertourismus, Erlebnis-Kulturtourismus, Weintourismus
- **Besuch von Kulturerbestätten**
  bei denen kulinarische Traditionen der regionalen Geschichte durch Verkostungen, Vorführungen und Workshops nahegebracht werden
- **nachhaltiger kulinarischer Tourismus**
  bei dem eine Förderung von Angeboten im Bereich der regionalen Küche, lokalen Produkte und Vernetzung von regionalen Anbietern von kulinarischen Produkten erfolgt

- **Agrar- oder ländlichen Tourismus**
  wie Hofbesuche und Teilnahme an landwirtschaftlichen Produktionsschritten (z. B. Erntearbeiten), Besuche bei Produktionsbetrieben wie Käsereien, Molkereien und Fischzuchtbetrieben oder der Besuch von Nahrungsmittel produzierenden Betrieben bei denen Kostproben zu Obst, Gemüse oder Fleisch ausgegeben werden

Wissen | Kulinarischer Tourismus

Die Vorrausetzung für kulinarischen Tourismus ist eine temporäre räumliche Veränderung des Aufenthaltsortes mit dem Ziel, zu Orten außerhalb der gewohnten Umgebung zu reisen. Zum kulinarischen Tourismus gehören mehrtägige Reisen ebenso wie Tagesausflüge. Weitergehend kann man zwischen kulinarischem Tourismus im engeren Sinne (eigenständige Reiseart mit dem Hauptmotiv Kulinarik) und kulinarischer Tourismus im weiteren Sinne (Kulinarik innerhalb eines Motivbündels) unterscheiden.

Kulinarischer Tourismus ist die bewusste Entscheidung, eine Destination aufzusuchen aufgrund der vor Ort bestehenden Kulinarik. Im Rahmen des kulinarischen Tourismus möchte der Reisende die ortstypische Ess- und Trinkkultur kennenlernen. Es kann hinsichtlich der Gestaltung von kulinarischen Angeboten festgehalten werden, dass beide in der Literatur erwähnten Gruppen – der primäre ebenso wie der sekundäre kulinarische Tourist – wichtig für die Kulinarik in der Destination sind. Beide Gruppen werden als potenzieller Nutzer von kulinarischen Angeboten betrachtet, bei denen es gilt, die Erwartungshaltung zu erfüllen, um dadurch die Angebotsattraktivität einer Destination zu steigern.

1.3 Kulinarischer Tourismus als Teil des Kulturtourismus

Kulturtourismus zu definieren, zeugt von einer ähnlichen Herausforderung, wie den Versuch zu unternehmen, Kultur zu definieren. Im Bereich des Kulturbegriffs finden sich – je nach wissenschaftlichem Forschungsgebiet – umfangreiche weite und enge Definitionen (Maletzke, 1996). Identisch verhält es sich beim Begriff des *Kulturtourismus*: Auch hier existiert keine allgemeinverbindliche Definition (Antz, 2020). Generell kann jedoch festgehalten werden, dass sich Kulturtourismus auf das (immaterielle oder materielle) kulturelle Erbe einer Destination bezieht und für Reisende oder Tagesausflügler nutz- und konsumierbar gemacht wird (Hausmann, 2019). Hausmann (2019) definiert Kulturtourismus daher wie folgt:

> „Kulturtourismus umfasst Tages- und Übernachtungstourismus, bei dem das Haupt- oder ein Nebenmotiv der auswärtigen Gäste darin besteht, das kulturelle Erbe bzw. Angebot einer Destination zu nutzen."

Dabei können aus Sicht der Anbieter drei Arten von Kulturtouristen unterschieden werden (Antz, 2020):

- Kulturtouristen im engeren Sinne (Kultur als Hauptreiseanlass)
- Kulturtouristen bei Gelegenheit (Kultur als Reisebaustein)
- Kulturtouristen der Spontaneität (Kultur als Nebensache)

Die Kulinarik spiegelt dabei als Teil des Kulturtourismus das kulturelle und historische Erbe einer Region wider (Jiménez Beltrán et al., 2016):

Kulinarische Produkte sind damit untrennbar mit dem Ort verbunden, an dem sie produziert werden und können als Ausdruck lokaler Konsumgewohnheiten, Anbau- oder Herstellungspraktiken gesehen werden und sind dadurch mit der Destination und seiner Geschichte verbunden (Cianflone et al., 2013).

Es sind die Verhaltensweisen, das Wissen und die Bräuche, die in Verbindung miteinander die Identität einer Destination schaffen. Kulinarik repräsentiert dabei die Sprache, den Ursprung und die Entwicklung des Ortes, an dem Lebensmittel als Symbol für die Kultur eines Ortes fungieren und Touristen den Zugang durch Probieren, Erleben und Kaufen zu diesem kulturellen Erbe von Reisezielen ermöglichen (Ellis et al., 2018). Dieses Ideal in der Pflege der kulinarischen Identität findet sich in der Slow-Food-Vereinigung (🔗 www.slowfood.de). Ziel dieser Bewegung ist die Wahrung des önologischen und landwirtschaftlichen Erbes einer Region und das Wissen sowie Kenntnisse über regionale Produkte zu verbreiten (Endres, 2012). Zu den bekanntesten Projekten der internationalen *Slow Food Stiftung* gehört das Projekt der *Arche des Geschmacks*. Hierbei werden regional wertvolle Lebensmittel, Nutztierarten, Kulturpflanzensorten und traditionelle Zubereitungsarten von Lebensmitteln katalogisiert und bekannt gemacht. Die Mehrzahl der sogenannten *Archepassagiere* sind vom Aussterben bedrohte Nutztierrassen und Nutzpflanzensorten. Weitere Passagiere sind handwerklich produzierte Lebensmittel wie Wurst- und Käsespezialitäten – beispielsweise der *Ostheimer Leberkäs*, *Würchwitzer Milbenkäse*, das *Filder-Spitzkraut* oder die *Nordhessische Ahle Wurscht*. Weltweit beherbergt die *Arche* derzeit etwa 4.900 Passagiere, 85 Passagiere finden sich derzeit in Deutschland (slowfood.de).

Um in die *Arche des Geschmacks* aufgenommen zu werden, müssen Passagiere folgende Kriterien erfüllen (slowfood.de):

- Die Produkte müssen an ein bestimmtes Gebiet, an lokale Traditionen und an das Gedächtnis und die Identität einer Gruppe gebunden sein.
- Die Produkte müssen in begrenzten Mengen erzeugt werden.
- Die Produkte müssen in ihrer Existenz bedroht sein.

1.4 Wer ist der kulinarische Tourist?

Essen und Trinken als Teil der physiologischen Bedürfnisse stellen nicht nur im Alltag, sondern auch im Rahmen einer Reisetätigkeit einen elementaren Bestandteil dar, um die menschlichen Grundbedürfnisse zu decken. Dies spiegelt sich auch in den Reiseausgaben wider:

So werden 30 Prozent aller Urlaubsausgaben für Essen und Getränke aufgewendet (UNWTO, 2012). Dabei muss generell unterschieden werden zwischen dem eigentlichen Konsum von Getränken und zubereiteten Speisen und der darüberhinausgehenden Partizipation an der Kulinarik einer bereisten Destination. Je nach Reisemotivation und Reiseart ist die Intensität der kulinarischen Thematisierung von Reisenden unterschiedlich hoch einzustufen.

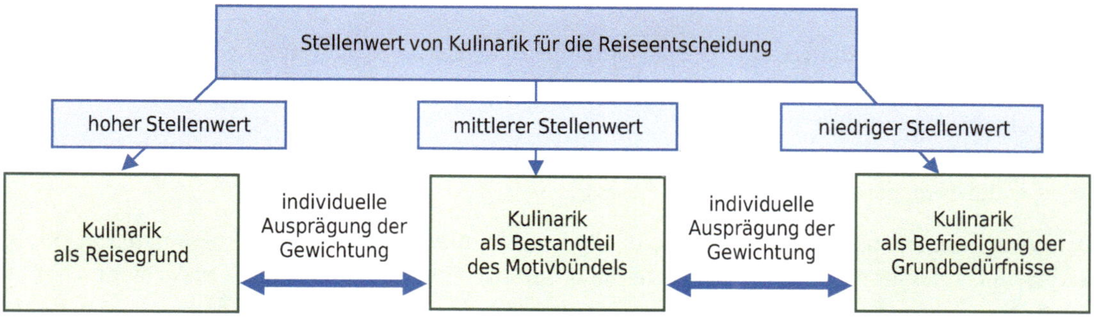

2 | Stellenwert von Kulinarik in der Reiseentscheidung

Da Reisen in aller Regel aus einem Motivbündel bestehen, müssen beim kulinarischen Tourismus folgende Differenzierungen getroffen werden:

- Reisende, die eine Reise aus kulinarischen Gründen antreten
- Reisende, die ihre Reiseentscheidungen von anderen Faktoren abhängig machen, die Kulinarik jedoch als wichtigen Bestandteil wahrnehmen (Hall & Sharples, 2003)
- Reisende, die die Kulinarik als reine Befriedigung der Grundbedürfnisse ansehen

Foodies

Die Einstellung zu Lebens- und Genussmitteln hat sich in den vergangenen 30 Jahre stark verändert. Verbraucher setzen sich zunehmend mit der Herkunft, Produktion und Zubereitung von Lebensmitteln auseinander. Lebensmittelqualität wird in Bezug auf Sicherheit, Gesundheit, Nachhaltigkeit und Geschmack diskutiert. Besonders intensiv wird diese Auseinandersetzung von der Gruppe der *Foodies* geführt – ein Begriff, der bereits 1982 erstmals in den Medien auftauchte (Woods et al., 1982). Es handelt sich hierbei um eine Gruppe, die sich sehr stark mit der Thematik der Kulinarik auseinandersetzt und ein überdurchschnittlich großes Interesse an Lebensmitteln und der Leidenschaft für Essen und Genießen mitbringt (Hemmerling et al., 2016). Daher steht diese Gruppe auch im Fokus von verschiedenen Untersuchungen im Bereich des kulinarischen Tourismus, da es sich um das Segment von Reisenden handelt, die aufgrund ihrer Affinität eine Reise aus kulinarischen Gründen antritt. Es handelt sich nach Getz et al. (2014) bei einem *Foodie* um eine Person,

> „[…] who is very very very interested in food. Foodies are the ones talking about food in any gathering – salivating over restaurants, recipes, radicchio. They don't think they are being trivial – Foodies consider food to be an art, on a level with painting or drama" (Getz et al., 2014).

Hierbei stehen die Experimentierfreudigkeit und die intensive Auseinandersetzung mit der Kulinarik im Vordergrund. Der Hauptteil dieser Reisenden ist dabei über 50 Jahre alt (Balderas-Cejudo et al., 2019). In Bezug auf die deutsche Gesellschaft unterscheiden sich *Foodies* in ihren Einstellungen gegenüber Lebensmitteln, Ernährung, in ihrem Einkaufsverhalten und Qualitätsanspruch vom Rest der deutschen Bevölkerung. Hemmerling et al. (2016) isolieren sieben Eigenschaften, die einem *Foodie* zugeschrieben werden können:

- Kochleidenschaft
- Teilnahme an kulinarischen Events

- Neuheitspräferenz
- Essen in Gesellschaft
- Genuss und Interesse
- subjektives Wissen
- *Cooking Skills*
- Qualitätsanspruch

Der Qualitätsanspruch bezieht dabei insbesondere auf authentische, frische, regionale, saisonale, traditionell oder handwerklich hergestellte Produkte. Gegensätzlich zum *Foodie* sieht Olbrich (2020) den *Gourmet.* Dieser unterscheidet sich zum *Foodie* durch sein detaillierteres kulinarisches Wissen, die Informationsgewinnung zur Kulinarik in der Destination und das Engagement, sich mit der Kulinarik auseinanderzusetzen. Bei *Foodies* handelt es sich um eine Zielgruppe, die über einen höheren Bildungsstand und Einkommen verfügt (Sohn & Yuan 2013). In Bezug auf Reisen sind dies überdurchschnittlich aktive Reisende, die sich durch ein hohes Interesse an unterschiedlichen kulinarischen Aktivitäten auszeichnet, was mit einem gesteigerten Anspruch an Qualität und Service einhergeht (Tischler & Bauer-Krösbacher, 2021). Die Konsumentengruppe der *Foodies* kann als Trendsegment im deutschen Markt angesehen werden, da sie mit ihrer kulinarischen Begeisterungsfähigkeit und Aufgeschlossenheit für Neues zu Trendsettern werden und so andere Konsumentengruppen inspirieren (Hemmerling et al., 2016).

Generation Y als kulinarische Touristen

In unterschiedlichen Veröffentlichungen wird im Bereich des kulinarischen Tourismus auf die Relevanz von jüngeren Nachfragern in Form der *Generation Y* hingewiesen (Treloar et al., 2004; Fountain & Charters 2010). Wenngleich es unterschiedliche Auffassungen in Bezug auf die genaue Jahrgangseingrenzung gibt, kennzeichnen die *Generation Y* die Jahrgänge Anfang der 1980er-Jahre bis in die Mitte der 1990er-Jahre. Die Relevanz dieser Zielgruppe ergibt sich aus der Bereitschaft zum Konsum, der Reisefreudigkeit und Freizeitorientierung (Pendergast, 2010).

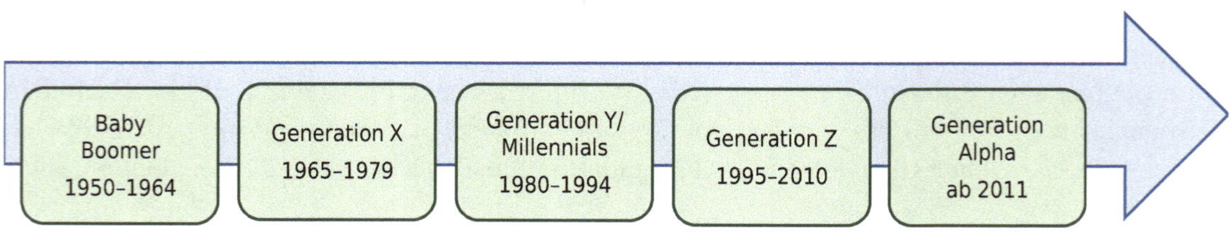

3 | Abgrenzung von Generationen nach dem Geburtsjahr

Folgende Eigenschaften werden der *Generation Y* zugeschrieben (Peters & Sennlaub, 2017):

- Frauen interessieren sich tendenziell stärker für das Thema Kulinarik
- Interesse an Kulinarik korreliert mit Bildungs- und kulturellen Interessen
- bevorzugen kurze Reisen
- begrenzte finanzielle Mittel
- großes Interesse an kulinarischen Themen
- Interesse an neuartigen Erlebnissen
- konsumieren am liebsten traditionelle Speisen mit regionalem Bezug

Präferenzunterschiede in Bezug auf das Alter

Stark im Interesse der Gruppe der über 50-Jährigen ist die Kulinarik samt des Besuchs von Veranstaltungen rund um die Kulinarik. Allerdings können bei genauerem Hinsehen Unterschiede zwischen *traditionellen* kulinarischen Veranstaltungen wie z. B. Kochkursen, Lebensmittel- oder Weinproben und *neuen* Formaten der kulinarischen Veranstaltungen wie Food-Messen und Street-Food-Festivals unterschieden werden. Der Besuch von traditionellen Veranstaltungen rund um die Kulinarik wird vorwiegend mit zunehmendem Alter besucht. Neue Formate im Bereich der kulinarischen Veranstaltungen ziehen vor allem neue und jüngere Zielgruppen an (Rüdiger, 2022a).

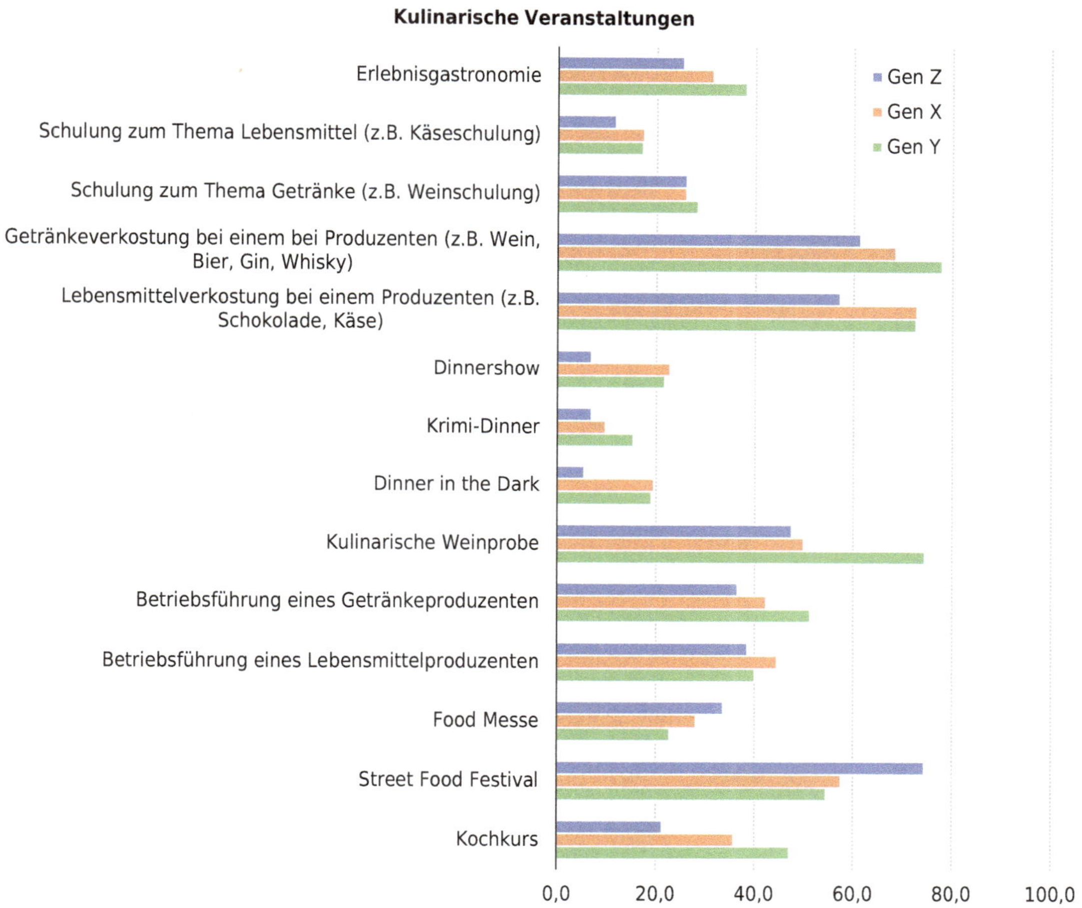

4 | Besuchte kulinarische Veranstaltungen nach Generationen (n = 504)

Wissen | Food Trucks und Street Food Festivals

Food Trucks sind die Imbisswägen des 21. Jahrhunderts. Dabei soll unterschiedlichen Angaben zur Folge *Charles Goodnight*, ein Viehzüchter aus Texas, den ersten *Chuckwagon* Mitte des 19. Jahrhunderts ersonnen haben und zusammen mit einem Koch, Cowboys und Holzfäller auf Reisen mit Speisen und Medizin versorgt haben (Craftplaces, 2023). Heute sind *Food Trucks* nicht mehr von Events, Festivals, Märkten oder Privat- und Firmenfeiern wegzudenken. *Food*

Trucks sind weiter fester Bestandteil von *Street Food Festivals*. Die Anzahl der Street-Food-Festivals, Street-Food-Märkte und *Food Trucks* ist in Deutschland rasant angestiegen. So wurden laut der Website www.food-festivals.com im Jahr 2019 mehr als 1.000 Food-Truck-Festivals durchgeführt.

5 | Food Truck in Portland USA

Der bewusste kulinarische Tourist

Unter die Definition des kulinarischen Tourismus subsumiert sich in der Literatur, wenn die kulinarischen Erlebnisse das Hauptreisemotiv darstellen, oftmals ist sie jedoch nur ein Teilmotiv (Eitzenberger et al., 2014). Es zeigt sich, dass Reisen mit einem kulinarischen Hintergrund oder mit dem Ziel, ein bestimmtes kulinarisches Angebot in einer Destination zu erleben, von etwa 30 Prozent der Reisenden bewusst ausgewählt werden. Diese bewusste Auswahl korreliert hierbei mit fortschreitendem Alter: So nimmt die bewusste Auswahl einer Destination aufgrund des Vorhandenseins eines bestimmten kulinarischen Angebots in einer Destination mit zunehmendem Alter zu (Croce & Perri, 2010; Ignatov & Smith, 2006; Tischler & Bauer-Krösbacher, 2021).

Grundsätzlich kann unterschieden werden zwischen *primären* und *sekundären kulinarischen Touristen*. Auf diese kategorisierende Unterscheidung greifen auch Hall und Sharples (2003) zurück, wenn sie von *Gourmet Tourism*, *Gastronomic Tourism* und *Cuisine Tourism* sprechen – wenn Essen und Trinken das primäre Reisemotiv darstellen. Nimmt die kulinarische Motivation ein sekundäres Motiv ein – hat die Kulinarik zwar Relevanz, ist aber nicht die reiseentscheidende Komponente – stufen sie diesen Reisenden als *Culinary Tourist* ein. Dabei bezeichnen sie den Gourmettourist und den Gastronomietourist als Kern des kulinarischen Tourismus, der als primärer kulinarischer Tourist eine geringe Anzahl von Touristen ausmacht. Es handelt sich dabei um Urlauber, die gezielt Zeit in einer Destination verbringen, um mehr über die Kulinarik, die Produkte und die Verarbeitung der regionalen Produkte zu erfahren. Dieses Segment der Freizeitreisen kann auch als *Special Interest Tourism* bezeichnet werden, da die Reise spezifisch der Kulinarik wegen unternommen wird (Feineis & Peters, 2015). Beim sekundären kulinarischen Touristen ist Kulinarik nur eine von vielen reiseentscheidenden Motiven – wenngleich der Erlebnischarakter um die Thematik des Essens und Trinkens immer gegeben ist, da die kulinarische Wahrnehmung geprägt durch das Verlassen des gewohnten Umfelds verändert wird. Aus kulinarischer Sicht ist das Verlassen der heimischen Küche und das Ausprobieren von etwas Neuem oder Veränderten das, was den Konsumenten ausmacht – somit wird allein durch das Verlassen und Ausprobieren jeder und jede zu einem potenziellen Konsumenten.

Aus Anbietersicht fällt es dagegen schwer, eine genaue Abgrenzung zwischen der Relevanz eines primären und sekundären kulinarischen Touristen vorzunehmen (Wolf, 2006), da Reisende aller Art – je nach destinationsspezifischen kulinarischen Angeboten – dieselben Angebote annehmen. Ob Kulinarik dann der primäre Reisegrund ist oder ein zufälliger Besuch, ist schwer zu trennen. Nur allerdings den primären kulinarischen Touristen in den Fokus der Schaffung von destinationsspezifischen kulinarischen Angeboten zu rücken, würde aufgrund des geringen Prozentsatzes, den dieser in der Anzahl der Touristen ausmacht, zu kurz greifen. Auch bei der Gruppe der sekundären kulinarischen Touristen besteht die Grundaffinität zur Kulinarik in der Destination, auch wenn diese vom destinationsspezifischen kulinarischen Angebot nur am Rande und bei direkter Verfügbarkeit konsumieren werden. Beide Gruppen der kulinarischen Touristen sind potenzielle Nutzer von kulinarischen Angeboten, bei denen es gilt, die Erwartungshaltung zu erfüllen, um dadurch die Angebotsattraktivität einer Destination zu steigern. Bei der Gruppe der tertiären Konsumenten spielt destinationsspezifische Kulinarik keine oder nur eine sehr untergeordnete Rolle.

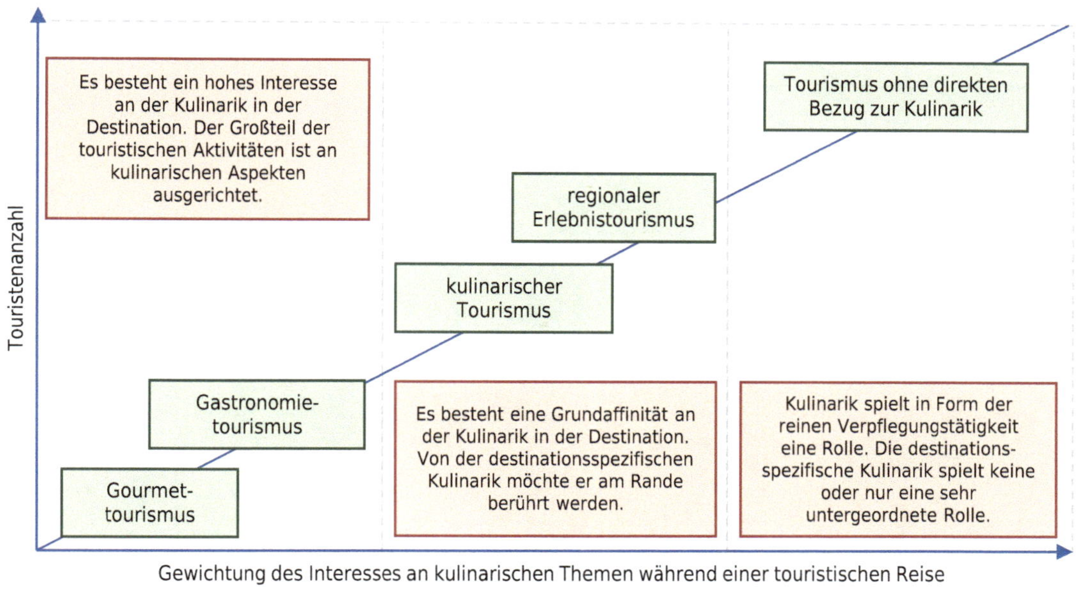

6 | Kategorisierung des kulinarischen Tourismus

Hier werden Parallelen zum Weintourismus offensichtlich: Die Thematisierung von Wein innerhalb einer Reise und der damit verbundene Besuch einer Destination, um weintouristische

Erlebnisse wahrzunehmen, kann ebenso eine primäre als auch eine sekundäre Motivation verfolgen (Rüdiger & Hanf, 2019). Rüdiger und Hanf (2019) fassen hierbei unterschiedliche Studien zusammen und kategorisieren den Weintourist erster und zweiter Stufe:

- **Weintourist erster Stufe**
  Dabei handelt es sich um einen Weinkenner und Weinliebhaber, der gezielt Zeit in einer Weinregion verbringt, um mehr über die Weine der entsprechenden Region, Weinproduktion und die Winzer zu erfahren.
- **Weintourist zweiter Stufe**
  Er ist ein weinaffiner Tourist, der in einer Weinbauregion seinen Urlaub verbringt. Er fährt nicht gezielt des Weines wegen in eine Region.

Auch in der Unterform des kulinarischen Tourismus, dem Weintourismus, wird aufgrund des geringen Prozentsatzes nicht der Weintourist erster Stufe als prioritäre Zielgruppe eingestuft. Die Gruppe der Weintouristen zweiter Stufe werden aufgrund des höheren Marktpotenziales als primäre Zielgruppe von weintouristischen Angeboten betrachtet, bei denen es gilt, die Erwartungshaltung zu erfüllen, um dadurch die Angebotsattraktivität einer Destination zu steigern (vgl. Projekt M, 2010; tourismus plan B GmbH, 2017). Daher wird der Weintourist zweiter Stufe prioritär und unabhängig von sozidemografischen Gesichtspunkten als Zielgruppe einer Weindestination gesehen.

Je kürzer die Reise, desto höher die Relevanz

Im Bereich des kulinarischen Tourismus zeigt sich, dass vor allem die Reisedauer eine entscheidende Rolle spielt:

Je kürzer die Reise, umso relevanter werden auch die kulinarischen Angebote in der Zielregion für die Auswahl der Destination. Die höchste Relevanz hat das kulinarische Angebot bei Tagesausflügen gefolgt von Kurzurlaubsreisen und längeren Urlaubsreisen.

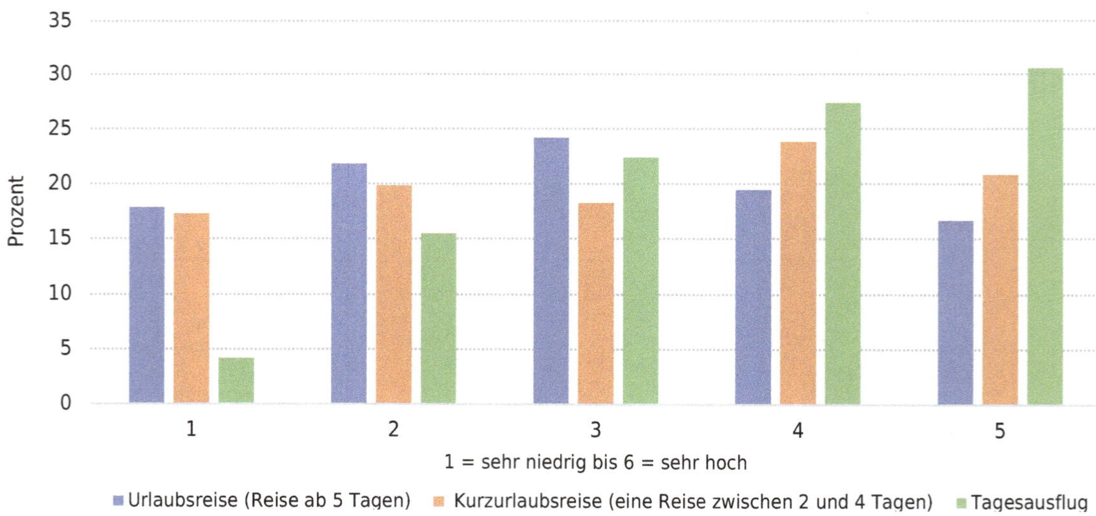

7 | Stellenwert der Kulinarik in der Destination hinsichtlich der Reisedauer (n = 504)

Kulinarischer Tourismus aus der Sichtweise des Nachfragers

Was verstehen Reisende unter dem Begriff *Kulinarischer Tourismus*? Da in der Literatur keine allgemeingültige Abgrenzung vorherrscht und die Grenzen zwischen der angebotsseitigen Relevanz eines primären und sekundären kulinarischen Touristen zu ziehen nicht überschneidungsfrei ist, wurde diese Frage im Rahmen einer Erhebung zum kulinarischen Tourismus gestellt: Was verstehen Sie unter der Begrifflichkeit „Kulinarischer Tourismus"? 551 Teilnehmer haben sich bei der Beantwortung der Frage mit einer Antwort beteiligt. Die Antworten wurden kategorisiert:

- regionales Essen als Bestandteil einer Reise
- Lebensmittel, Genussmittel und Kulinarik stehen im Mittelpunkt der Reise
- Verbindung zwischen Erzeugern, Veredlern und Tourismus
- auf „Reisen" vorherrschende kulinarische Angebote kennenlernen
- hochwertige Speisen und Getränke
- authentische „Küche"
- außergewöhnliche kulinarische Veranstaltungen
- Verbindung von Kulinarik und Wein
- Kulinarik als Teil des Kulturtourismus
- Ausprobieren und Genießen von neuen und regionalen Speisen und Getränken

Die Antworten lassen sich wie folgt zusammenfassen:

> Kulinarischer Tourismus ist die bewusste Entscheidung eine Destination aufzusuchen aufgrund der vor Ort bestehenden Kulinarik. Im Rahmen des kulinarischen Tourismus möchte der Reisende die ortstypische Ess- und Trinkkultur kennenlernen.

Da von den Teilnehmern ebenfalls keine genaue Abgrenzung bezüglich Kulinarik als Bestandteil oder Hauptbestandteil einer Reise getroffen wurde, kann hinsichtlich der Gestaltung von kulinarischen Angeboten festgehalten werden, dass beide in der Literatur erwähnten Gruppen – der primäre ebenso wie der sekundäre kulinarische Tourist – wichtig für die Kulinarik in der Destination sind. Beide Gruppen werden als potenzieller Nutzer von kulinarischen Angeboten betrachtet, bei denen es gilt, die Erwartungshaltung zu erfüllen, um dadurch die Angebotsattraktivität einer Destination zu steigern.

Wissen | Sternegastronomie

Touristen, die gezielt eine Destination aufsuchen, um mehr über Kulinarik, Produkte und die Verarbeitung von regionalen Produkten zu erfahren, stellen den inneren Kern des kulinarischen Tourismus dar. Diese primären kulinarischen Touristen, die ihre Reise auf das kulinarische Angebot ausrichten, werden Gourmet- oder Gastronomietouristen genannt (Hall & Sharples, 2003). *Gourmettouristen* sind dabei Touristen, die gezielt wegen Produkten oder kulinarischen Angeboten reisen. *Gastronomietouristen* sind Gäste, die aufgrund eines bestimmten gastronomischen Angebots eine Destination aufsuchen. Dabei stechen bei Gastronomietouristen die Reisenden heraus, die gezielt eine Destination aufsuchen, um in einem Sternerestaurant außergewöhnliche kulinarische Erlebnisse zu erfahren.

Häufig findet sich bei diesen Reisenden auch die Gruppe der *Foodies.* Bei dieser Sparte der Gastronomietouristen steht nicht die Suche nach Authentizität im Fokus, sondern das einzigartige und exklusive gastronomische Erlebnis (Batat, 2021).
Gleichzeitig spielen Sternerestaurants eine wichtige Rolle bei der Bewahrung des lokalen kulinarischen Erbes (Staiff & Bushell, 2013). So beziehen viele Küchenchefs ihre Produkte von lokalen Produzenten, initiieren *regionale Erzeugernetzwerke* und versuchen bei der Kreation neuer Gerichte die Identität der Region einfließen zu lassen. Die Bedeutung der Sternegastronomie für die Destination kann in vier Punkten festgehalten werden (Barat, 2021):

- Entwicklung von einzigartigen gastronomischen Erlebnissen
- Förderung von regionalen Produkten und Erzeugern
- Diversifikation der gastronomischen Angebote in ländlichen Regionen
- Steigerung der Medienpräsenz und Beitrag zur Bekanntheitssteigerung

Die Sterne in der Gastronomie werden jährlich vom Hotel- und Restaurantführer *Guide Michelin* vergeben. Der zur Weltausstellung im Jahr 1900 in Paris vom Reifenhersteller *Michelin* konzipierte Werkstattwegweiser dient heute als wichtigster Gradmesser für Chefköche und ihrer Restaurants (Lane, 2014). Ursprünglich beschränkte sich das Werk nur auf Frankreich, 1904 folgte mit dem Band zu Belgien die erste ausländische Ausgabe, 1910 erschien der erste deutschsprachige *Guide Michelin* für Deutschland und die Schweiz. Mit der Einführung des *Sterns* 1926 begründete der *Guide Michelin* seinen Stellenwert für die Gastronomie. Die bis heute gültigen Definitionen zu den Sternen wurden 1936 eingeführt und machten den Hotel- und Gastronomieführer weltweit berühmt:

- ★
  „Eine sehr gute Küche: verdient Beachtung“
- ★★
  „Eine hervorragende Küche: verdient einen Umweg“
- ★★★
  „Eine der besten Küchen: ist eine Reise wert“

Im Zuge der Wirtschaftswunderjahre, erschien 1964, nach 51-jähriger Pause der *Michelin*-Führer für Deutschland (Michelin, 2023). Im *Guide Michelin Deutschland* werden für das Jahr 2023 zehn Restaurants mit drei Sternen, 50 Restaurants mit zwei Sternen und 274 Restaurants mit einem Stern ausgezeichnet (Guide Michelin, 2023). Weitere Auszeichnungen des Guide Michelins sind der *Bib Gourmands* als Auszeichnung für das gute Preis-Leistungs-Verhältnis sowie der *Michelin-Teller* als Auszeichnung für „eine Küche von guter Qualität“ (Michelin, 2023).

🔗 www.guide.michelin.com/en/restaurants

JE

Was verstehen Sie unter der Begrifflichkeit „Kulinarischer Tourismus"?

Kulinarischer Tourismus ist eine Form des Tourismus, die sich auf die Erkundung und das Erleben der gastronomischen Angebote einer bestimmten Region oder eines Reiseziels konzentriert. Der Fokus liegt hierbei auf der Entdeckung von lokalen und regionalen Spezialitäten, traditionellen Gerichten, Kochtechniken und kulinarischen Traditionen.

Kulinarischer Tourismus kann verschiedene Formen annehmen, wie z.B. Food-Touren, Kochkurse, Weinproben, Besuche von Märkten und Lebensmittelherstellern, Restaurantbesuche und andere Aktivitäten, die sich auf das Thema Essen und Trinken konzentrieren. Die Teilnehmer haben die Möglichkeit, lokale Lebensmittel und Getränke zu probieren und dabei die kulturelle Bedeutung der Küche und ihrer Geschichte kennenzulernen.

Kulinarischer Tourismus ist eine Möglichkeit für Touristen, die Kultur und Identität eines Ortes durch seine Küche zu erfahren und zu erleben. Es fördert auch die lokale Wirtschaft, indem es lokale Lebensmittelproduzenten, Restaurants und Märkte unterstützt. Gleichzeitig kann es auch dazu beitragen, die Nachfrage nach nachhaltigen und ökologischen Lebensmitteln zu erhöhen und den Respekt für die Umwelt und das kulturelle Erbe eines Ortes zu fördern.

Kulinarischer Tourismus ist in vielen Regionen und Ländern eine wichtige Einkommensquelle geworden und ein wichtiger Faktor für die Entwicklung des Tourismus. Viele Destinationen nutzen kulinarischen Tourismus als ein Mittel, um sich von anderen Destinationen zu unterscheiden und mehr Touristen anzulocken.

8 | ChatGPT antwortet auf die Frage: Was verstehen Sie unter der Begrifflichkeit „Kulinarischer Tourismus"?

Aufgrund der Diskussion wie Chatbots in den Bereich der Wissenschaft und unseren Alltag einziehen, wurde die Frage nach der Begrifflichkeit des *Kulinarischer Tourismus* dem Chatbot *ChatGPT* gestellt. GTP ist die Abkürzung für *Generative Pretrained Transformer. ChatGTP* ist ein auf künstliche Intelligenz basierendes Konversationstool.

1.5 Warum reist der kulinarische Tourist?

Welche Motivation treibt kulinarische Touristen an, eine bestimmte Destination aufzusuchen oder sich innerhalb seines Zielgebietes mit entsprechenden Bestandteilen der Kulinarik auseinanderzusetzen? Die Motivation und die damit einhergehende Erwartung an das Angebot einer Destination wird durch unterschiedliche Faktoren beeinflusst. Prinzipiell ist zwischen dem jeweiligen Lebensstil des Reisenden, der persönlichen Präferenzen (Kim et al., 2009), der Nationalität und damit die soziale Prägung (Chang et al., 2010) sowie der generelle Bezug zum kulinarischen Interesse (Hall & Sharples, 2003) zu unterscheiden. Trotz unterschiedlicher Faktoren ist die Anforderung an das Tourismusobjekt, diese Erwartungen zu erfüllen. Gestiegener Wohlstand, höherer Wohnkomfort und zunehmende Reiseerfahrung haben den Anspruch und die Erwartungshaltung an die Urlaubsdestination in den letzten 30 Jahren steigen lassen. Es ist daher elementar, die Kundenwünsche und Motivationen der Kundensegmente zu kennen und zu berücksichtigen. Fields (2002) fasst den Konsum in Bezug auf die Kulinarik in vier Kategorien:

① physikalische Motivatoren

Der Akt des Essens ist per se physischer Natur, der durch die Sinne Sehen, Riechen und Schmecken wahrgenommen wird. Diese Sinneswahrnehmungen spielen bei Wertschätzung von Lebensmitteln eine ausschlaggebende Rolle. Körperliche Motivatoren stehen dabei in Zusammenhang mit der Bedürfnisbefriedigung von Aspekten, die im Alltag nicht erfüllt werden können, wie vollkommene Entspannung, Klimaveränderung oder die Gelegenheit, neue kulinarische Spezialitäten zu entdecken. Der körperliche Zusammenhang kann beispielsweise auch zu Überlegungen zur Gewichtreduktion oder sportlichen Aktivitäten führen.

② kulturelle Motivatoren

Speisen und Getränke zählen als Schlüsselelemente, eine neue Kultur kennenzulernen und zu entdecken. Dieses Element wird von Seiten der Wissenschaft als zentraler Motivator gesehen, sich mit „authentischen“ oder „traditionellen“ Produkten, Speisen und Getränken einer Destination auseinanderzusetzen.

③ soziale Motivatoren

Der gemeinsame Konsum von Essen und Trinken bietet die Möglichkeit, soziale Beziehungen aufzubauen und soziale Bindungen zu stärken. So kann durch den größeren zeitlichen Freiraum im Urlaub oder während einer Reise die Gelegenheiten, gemeinsam zu essen, genutzt werden, um Zeit mit der Familie und Freunden zu verbringen. Essen und Trinken fördert die soziale Interaktionen und so können während des Urlaubs neue soziale Beziehungen aufgebaut oder vorhandene gefestigt werden.

④ Status- und Prestigemotivatoren

Der Aspekt von Status und Prestige spielt beim Besuch eines Restaurants, das mit *Michelin*-Sternen gekrönt ist, seit jeher eine wichtige Rolle. Darüber hinaus bietet die touristische Konsumation und die Suche nach traditionellen Produkten oder der unbekannten, nur von Einheimischen besuchten Gastronomie, ein soziales Differenzierungsmerkmal.

Wissen | Klimawandel

Im Zuge der Auswirkungen des Klimawandels und des steigenden Problembewusstseins von Touristen sehen sich viele Destinationen gezwungen, ihre touristischen Angebote zu überarbeiten oder neue touristische Konzepte zu entwickeln, um einen nachhaltigen Tourismus zu gewährleisten. Unter nachhaltigem Tourismus wird

> „eine wirtschaftlich tragfähige Entwicklung verstanden, die eine gleichbleibende oder sogar wachsende Nachfrage bei geringer oder zumindest gleich hoher Belastung der ökologischen und sozialen Umwelt ermöglicht" (Schmied et al., 2009).

Im Kontext des klimafreundlichen Tourismus wird auch vermehrt der kulinarische Tourismus einbezogen. Für die Entwicklung des „Konzept Sommertourismus im Klimawandel" der Region Pongau im Salzburger Land in Österreich wurde daher auch der kulinarische Tourismus und das kulinarische Angebot untersucht. Hierfür wurden folgende Konsumententypen als kulinarischer Gast unterschieden (Guggenberger, 2019):

- **Ernährungsbewusst**
  Der Fokus liegt auf gesunder Ernährung, hochwertigen Lebensmitteln, abwechslungsreichem Essen, viel Obst und Gemüse
- **Verantwortungsbewusst**
  Wichtige Attribute sind Regionalität, Saisonalität und biologisch/frische Lebensmittel
- **Frischkocher**
  Die Zubereitung der Speisen mit frischen und regionalen Lebensmitteln, kleine Erzeuger
- **Gleichgültig**
  Ernährungsbewusstsein ist wenig ausgeprägt
- **Vielseitige**
  Kulinarik und das Gemeinschaftsgefühl beim Konsum haben einen hohen Stellenwert
- **Genussmenschen**
  Genuss steht im Vordergrund
- **Gesellige**
  Genuss und sensorisch anspruchsvolle Speisen sind wichtig

1.6 Weintourismus als Teil des kulinarischen Tourismus

Kein anderes Segment innerhalb des kulinarischen Tourismus hat in den letzten Jahren eine höhere wissenschaftliche wie mediale Aufmerksamkeit erfahren wie der Weintourismus. Die Gründe dafür sind unterschiedlich: Sicher ist Wein eines jener Produkte, die eine starke kulturelle Assoziation mit der jeweiligen Destination aufweisen – dazu zählen beispielsweise, Weinberge und Landschaft, in die der Weinbau eingebettet ist und deren wahrgenommene Attraktivität durch Touristen Tourismus in einer Weinbauregion stärkt (Harms et al., 2013). Die ökonomische Bedeutung von Weintourismus zeigt sich auch in einer Studie, die im Auftrag des *Deutschen Weininstituts* durchgeführt und 2019 veröffentlicht wurde.

> Danach reisen jährlich etwa 50 Millionen Menschen gezielt in deutsche Weinregionen, um das Produkt Wein und die verschiedenen Angebote um das Produkt Wein erleben zu können. Dabei werden nach Angaben der Forschenden von diesen primären Weintouristen – Reisende, die gezielt des Weines wegen reisen – Ausgaben von etwa 5,5 Milliarden Euro pro Jahr getätigt (Szolnoki et al., 2019).

Ähnlich wie bei der Definition des kulinarischen Tourismus, stellt die definitorische Eingruppierung des Weintourismus eine Herausforderung dar. Eine Reise besteht in der Regel immer aus einem komplexen Motivbündel und ist nur bedingt auf einen einzelnen Motivkomplex reduzierbar. Im Bereich der nachfrageorientierten Definition von Weintourismus wird daher bei der Definition von Weintourismus von einer Definition im engeren und weiteren Sinn gesprochen. Der engere Sinn ist gegeben, wenn Reisende ihre Motivation am Wein und mit Wein in Verbindung stehende Aktivitäten ausrichten (Dreyer, 2021). So kann von Weintourismus gesprochen werden, wenn es sich dabei um den Besuch von Weinbaugebieten, Weingütern, Weinfesten und weintouristischen Elementen handelt, bei denen das Verkosten und/oder Erleben von Wein und seinen Merkmalen die hauptmotivierenden Faktoren für den Besucher darstellen (South Australian Tourism Commission, 1997; Hall & Macionis, 1998; Hall et al., 2000). Bei Weintourismus im weiteren Sinn ist Wein nur noch ein Nebenprodukt, sodass eine breitere Gästegruppe angesprochen werden kann (Dreyer et al., 2015).

> Da in der Angebotsdarbietung eine enge Verbindung von Wein und Speisen besteht (Hall & Sharples, 2003; Winemakers Federartion of Australia, 2002) und sich kulinarischer Tourismus dadurch auszeichnet, dass der Reisende die Ess- und Trinkkultur in einer touristischen Destination erlebt (Eitzenberger et al., 2014), wird im weiteren Sinne Weintourismus als Segment des kulinarischen Tourismus gesehen (Peters, 2020), da die Definition für *Food Tourism* auch Getränke mit einschließt (Kivela & Crotts, 2006).

Dabei spiel auch eine Rolle, dass Angebote rund um den Weintourismus die vergangenen Jahre stetig – national wie international – zugenommen haben. Etwa 85 Prozent der deutschen Weingüter und Winzergenossenschaften bieten Angebote wie weinbezogene Veranstaltungen an (Rüdiger, 2021a). Die Gründe dafür sind vielfältig: Durch eine steigende Preissensibilität und ein verändertes Konsumverhalten der Verbraucher zeichnet sich ein rückläufiger Direktverkauf bei Weingütern ab Hof ab. So kann die letzten Jahre beobachtet werden, dass dieser Absatzkanal zugunsten des Absatzkanals Discounter zunehmend an Bedeutung verloren hat (Richter et al. 2021). Veränderungen der deutschen Weinbaustrukturen stellen Weingüter und Winzergenossenschaften vor große Herausforderungen, da auch – wie in anderen Agrarbereichen – der Trend zu größeren Betrieben geht. Die Anzahl der Betriebe über 10 Hektar verzeichnen über die Jahre kontinuierlich Zuwachs bei nahezu geleichbleibender Rebflächengröße in Deutschland.

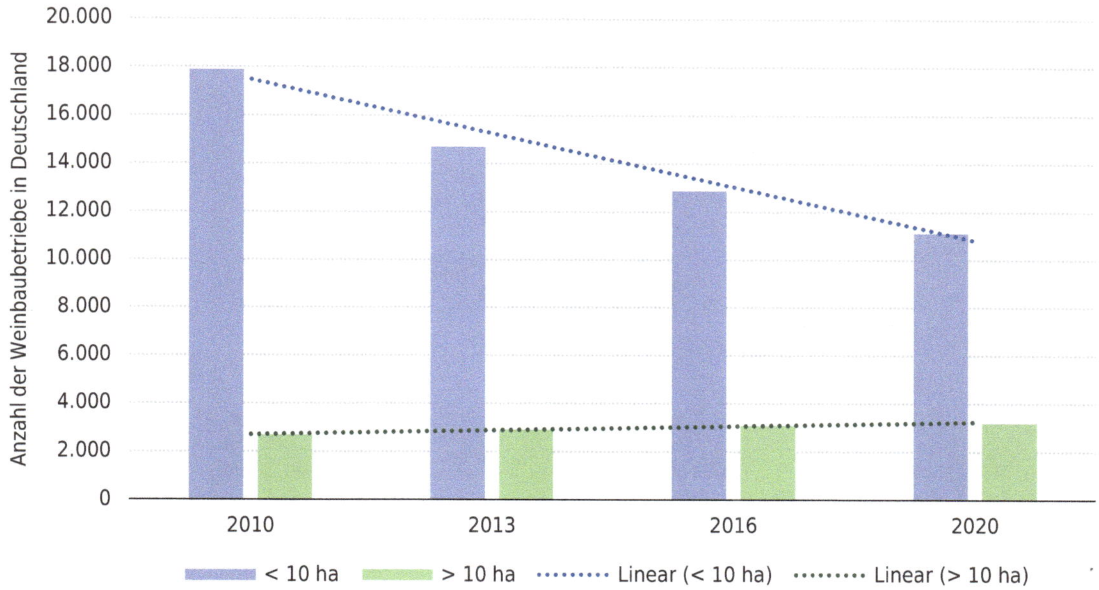

9 | Betriebsgrößen von Weinbaubetriebe in Deutschland im Zeitverlauf von 2010 bis 2020

Da die deutsche Weinbaubetriebslandschaft im Gegensatz zu anderen Weinbauländern immer noch durch kleine Weinbaubetriebe geprägt ist, stehen diese Unternehmen vor der Aufgabe, geeignete Absatzstrategien festzulegen, um ihre Produkte gewinnbringend zu verkaufen. Eine Möglichkeit stellt hier der Weintourismus dar. Einen umfassenden Überblick zu Synergieeffekten und die gegenseitige Abhängigkeit beim Zusammenwirken von Tourismus, Weinbau, Weinvermarktung gibt Dreyer (2021).

Insgesamt ist festzuhalten, dass das touristische Leistungsbündel in einer Destination von verschiedenen Anbietern produziert und als Ganzes vom Reisenden wahrgenommen wird (Freyer, 2006). Beim Weintourismus besteht die Besonderheit, dass Wein und Weinbau die Ausgangslage für dieses Segment des kulinarischen Tourismus bilden. Weinberglandschaften prägen die Wahrnehmung der Reisenden und stellen die Grundlage des touristischen Potenzials für den Weintourismus. Die Kernaufgabe eines Weingutes oder Weinproduzenten ist der Weinbau und/oder die Herstellung von Wein. Damit wird die Vorrausetzung für Weintourismus in einer Destination geschaffen. Für die touristische Vermarktung bedarf es zudem einer touristischen Infrastruktur als auch touristischer Leistungsträger. Dabei kann ein Weingut, neben der Liefertätigkeit von Wein an diese Leistungsträger auch selbst als touristischer Unternehmer auftreten (Rüdiger, 2021a). Aus ökonomischer Sicht lassen sich dabei drei Gründe benennen, warum sich Weinbaubetriebe im Weintourismus engagieren (Rüdiger & Hanf, 2019; Rüdiger, 2021b):

- **als direktes Vermarktungsinstrument**
  Wertschöpfung des Produktes Wein durch den Direktverkauf erhöhen
- **als indirektes Vermarktungsinstrument**
  Bekanntheitsgrad des Weinbaubetriebes erhöhen und damit den indirekten Verkauf unterstützen
- **Weintourismus als eigene strategische Geschäftseinheit**
  zusätzliche Einnahmen über den Weinverkauf hinaus generieren

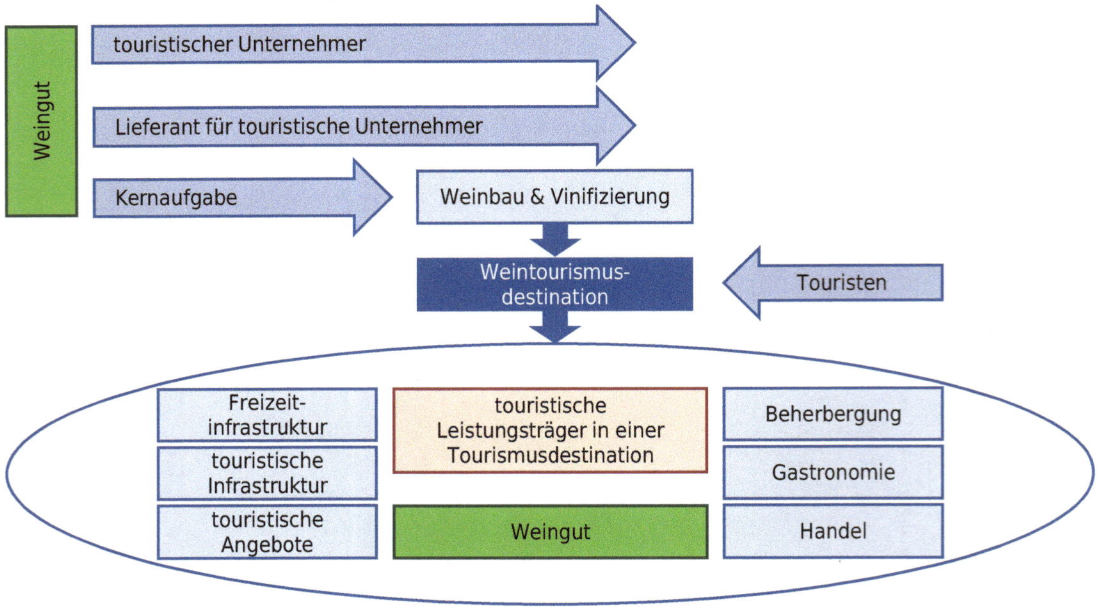

10 | Einordnung von Weingütern in das touristische Leistungsbündel

Kein anderer Bereich des Weintourismus symbolisiert die Verbindung von Wein und Kulinarik so gut wie die Winzergastronomie. Dabei reichen diese von Restaurants, Bistros, Cafés bis zu saisonal bewirtschafteten Gastbetrieben der Weingüter und können als eigner Gastronomiebetrieb bis zu Gastronomiekooperationen geführt werden (Dreyer, 2021). Im Vordergrund steht dabei die saisonal geöffnete Gastronomieform bei Weinerzeugern, die in Deutschland unter den regionaltypischen Bezeichnungen wie

- Besenschänke
- Besenwirtschaft
- Straußwirtschaft
- Heckenwirtschaft sowie
- Rädlewirtschaft

zu finden sind (Vornholt & Grau, 2001). Eine geöffnete Gastronomie ist dabei an einem ausgesteckten Besen, Kranz, getrockneten Strauß oder einem anderen zeichenartig aufgestellten Utensil zu erkennen. In Österreich tragen diese Einrichtungen die Bezeichnung

- Heuriger oder
- Burschenschank (Stöckl & Caseau 2017).

Zur Vereinfachung wird hier der Begriff der *Besenwirtschaft* verwendet. Neben dieser traditionellen Form der Winzergastronomie engagieren sich zunehmend deutsche Weingüter auch in anderen Bereichen der Gastronomie. Diese reichen von regionalen Angeboten bis zur Spitzengastronomie. Als Beispiel soll hier das Weingut *Allendorf* im Brentanohaus in Oestrich-Winkel genannt sein. Seit 2015 pachtet die Familie Allendorf den Gastronomiebetrieb im Rheingau und bietet neben hauseigenen Weinen regionale und mediterrane Küche an.

Weitere Beispiele

Rebstock, Weingut Franz Keller, Baden |
www.franz-keller.de

Schwane 1407, Weingut Zur Schwane, Franken |
www.schwane-weingut.de

Rüdesheimer Schloss, Weingut Georg Breuer, Rheingau |
www.ruedesheimer-schloss.com

Knipsers Halbstück, Weingut Knipser |
www.halbstueck.de

Hofgut Ruppertsberg, Weingut Dr. Bürklin Wolf, Pfalz |
www.dashofgut.com

11 | Weinhotel Villa Patzay am Plattensee in Ungarn mit angeschlossenem Restaurant.

Besenwirtschaften, Straußwirtschaften und Rädlewirtschaft

Beispiel für eine Betriebsart, in der die kulinarische Kultur und regionale Gegebenheiten aufgezeigt werden können, sind im deutschsprachigen Raum die Besenwirtschaften. Diese Art der Gastronomie ist fester Bestandteil der deutschen Weinbaukultur und bietet Winzern einen möglichen Absatzkanal für ihren Wein.

Besenwirtschaften sind eine Gastronomieform, die ausschließlich von Weinerzeugern unterhalten werden darf. Sie ermöglicht Weingütern einen direkten Absatz von Wein an den Gast in Kombination mit einfachen, meist regionalen Speisen (Mertesdorf, 2003). Dabei ist diese Gastronomieform von Winzern auch ein direkter Vertriebsweg von Wein (Rüdiger & Hanf, 2017) und reicht in seiner Tradition Jahrhunderte zurück (Deutsches Weininstitut, o. J.). Die rechtliche Grundlage für die Bewirtschaftung bildet in Deutschland § 14 Gaststättengesetz (GastG) (Straußwirtschaften) sowie §§ 5 bis 7. § 14 Gaststättengesetz (Straußwirtschaften):

> „Die Landesregierungen können durch Rechtsverordnungen zur Erleichterung des Absatzes selbsterzeugten Weines oder Apfelweines bestimmen, dass der Ausschank dieser Getränke und im Zusammenhang hiermit das Verabreichen von zubereiteten Speisen zum Verzehr an Ort und Stelle für die Dauer von höchstens vier Monaten oder, soweit dies bisher nach Landesrecht zulässig war, von höchstens sechs Monaten, und zwar zusammenhängend oder in zwei Zeitabschnitten im Jahre, keiner Erlaubnis bedarf. Dabei können die einzelnen Bundesländer zum Beispiel Vorschriften über die persönlichen und räumlichen Voraussetzungen für den Ausschank sowie die Menge und Jahrgang des zum Ausschank bestimmten Weines oder Apfelweines erlassen“ (Bundesministerium der Justiz und für Verbraucherschutz, o. J.).

Für das Bundesland Baden-Württemberg sind beispielhaft die wesentlichen Elemente dargestellt. Diese unterscheiden sich zu anderen Bundesländern.

- Die Straußwirtschaft hat höchstens vier Monate im Jahr in höchstens zwei Zeitabschnitten geöffnet.
- Der Ausschank ist nur in Räumen zulässig, die sich am Ort des Weinbaubetriebs befinden, die – außer in besonderen Härtefällen – nicht eigens zu diesem Zweck angemietet wurden, die nicht mit einer anderen Schank- oder Speisewirtschaft oder mit einem Beherbergungsbetrieb verbunden sind und die höchstens 40 Sitzplätze haben.
- Sie bieten nur kalte sowie einfach zubereitete warme Speisen an. Darunter sind Gerichte zu verstehen, deren Zubereitung keine besonderen Fertigkeiten und außerdem wenig Zeit und Mühe erfordern.

Weinproduzenten, die eine Besenwirtschaft in ihr Unternehmenskonzept integriert haben, nutzen diese vorrangig, um den produzierten Wein abzusetzen. Weiterhin dient diese temporäre Gastronomieform dazu, zusätzliche Einnahmen zu generieren und kann daher als eigene strategische Geschäftseinheit angesehen werden. Unterschiede zeigen sich bei der Größe der Weingüter. Bei kleineren Weingütern unter 10 Hektar ist der Umsatz, der durch die Besenwirtschaft generiert wird, oftmals ein elementarer Bestandteil ihrer Unternehmensgestaltung und sichert damit die Überlebensfähigkeit des Betriebes. Je nach Standort der Besenwirtschaft stellen die Hälfte der Besucher einheimischen Gäste, die andere Hälfte sind Touristen, wobei diese sich wiederum in Tagestouristen und Übernachtungstouristen aufsplitten. Bei den Öffnungszeiten der Besenwirtschaften zeigt sich, dass sich die Hauptöffnungszeiten auf die Monate Mai, September und Oktober fokussieren. Dabei spielen in den Monaten September und Oktober auch Hochzeiten auf dem Weingut für den Weintourismus eine wichtige Rolle, da dies der hauptsächliche Vermarktungszeitraum von *Federweißer* und *Neuer Wein* ist (Rüdiger & Dreyer,

2021). Von den meisten Gästen wird dies auch als priorisierter Zeitraum für den Besuch in einer Besenwirtschaft angesehen (Rüdiger & Dreyer, 2022). Auch andere Untersuchungen belegen den engen Zusammenhang zwischen weintouristischen Angeboten und der Vegetationszeit der Reben. Der Herbst als präferierte Jahreszeit fällt dabei mit der Arbeitsspitze der Traubenlese und Vinifizierung zusammen (Rüdiger et al., 2015). Als Zielgruppe werden primär Gäste zwischen 45 und 60 Jahren angesehen. Wenn jüngere Gäste zwischen 18 und 30 Jahren die Besenwirtschaft besuchen, sind diese häufig in größeren Gruppen mit mehr als vier Personen zu Gast. Die regionale Symbolkraft von Besenwirtschaften zeigt sich auch in der Priorisierung der Hauptzielgruppe nach Gemütlichkeit und authentischer Einrichtung der Winzergastronomie, die Kontaktmöglichkeit zu Mitgliedern der Betreiberfamilie sowie die Speisennachfrage nach typischen regionalen Gerichten und typischen „Besengerichten“ (Rüdiger & Dreyer, 2022).

Wissen | Vinotheken

Eines der wichtigsten Elemente im Direktvertrieb von Wein stellt für Weingüter die Vinothek dar (Rüdiger, 2021c). Dabei verbinden moderne Vinotheken nach Wechsler (2008) die Möglichkeiten der Verkostung, den Verkauf und die Inszenierung von Wein gepaart mit Informationen über die Weine, die Thematik des Weins und den Tourismus in der Region. Vinotheken verkörpern hierbei die Eingangspforte für Touristen, die im Verlauf des Besuchs im besten Fall zu Kunden werden.

12 | Der Winzerverein Deidesheim wurde im Jahre 1898 gegründet und betreibt eine Gaststätte und eine Vinothek

1.7 Kulinarik als Teil des Wandertourismus

Die Bedeutung von Naturerlebnissen und damit auch der Naturtourismus hat in den vergangenen Jahren sukzessive an Bedeutung gewonnen (Hall et al., 2009). Im Rahmen der Top-Aktivitäten der Deutschen bei Urlaubsreisen im Inland 2021 landete der Aufenthalt in der Natur auf Platz eins (DTV, 2022).

> Dabei ist Wandern in Deutschland eine der beliebtesten Freizeitaktivitäten, die in der Natur ausgeübt wird (BMWi, 2010). Zusätzlichen Anschub hat die Outdooraktivität durch die Coronapandemie erhalten (Schmude, 2021) – der Deutsche Wanderverband spricht gar von einem Wanderboom (Deutscher Wanderverband, 2021).

Sollte es gelingen, diese neu hinzugekommenen Wanderer längerfristig für das Wandern zu begeistern, bietet dies großes Potenzial für deutsche Wanderregionen (Eilzer & Harms, 2022), denn ein wichtiger Teil des Wanderns oder Wanderurlaubs ist das kulinarische Angebot. So beschreiben Behrens-Egge und Baruschke (2019), dass die Möglichkeit der Einkehr eine große Rolle bei der Wahl der Wegstrecke spielt und in zunehmendem Alter wichtiger wird. Wenngleich Wanderer sehr häufig Verpflegung mit sich führen, sind 70 Prozent der Wanderer anderen Verpflegungsmöglichkeiten gegenüber aufgeschlossen und bevorzugen regionale und saisonale gastronomische Angebote. Der größte Anteil der Ausgaben eines Wandertouristen bezieht sich auf die Übernachtungskosten gefolgt von den Ausgaben der Gastronomie. Zwei Drittel der Wanderer nutzen dabei das gastronomische Angebot in der Region, zusätzlich hat ebenfalls jeder dritte Wanderer seine eigene Verpflegung dabei. Damit fällt neben dem Wegesystem innerhalb der touristischen Leistungskette den Verpflegungsangeboten eine Schlüsselrolle zu, die auch direkten Einfluss auf die Zufriedenheit der Wanderer mit den Wanderregionen hat (BMWi, 2010).

Wissen | Qualität für wanderfreundliche Gastbetriebe

Aufgrund des engen Zusammenhangs zwischen Qualität des gastronomischen Angebotes und der Bewertung der Wanderregion, wurde 2005 eine Qualitätsinitiative für wanderfreundliche Gastbetriebe gestartet. Beherbergungs- und Gastbetriebe können zertifizierte Qualitätsgastgeber *Wanderbares Deutschland* werden. Ziel der Initiative ist die Entwicklung eines Qualitätsbewusstseins bei Beherbergungs- und Gastronomiebetrieben für Wandergäste, die erhöhte Angebotstransparenz für Wandergäste, Vermarktungsmöglichkeiten für Gastgeber von wanderfreundlichen Unterkünften sowie die Verbesserung und Förderung eines nachhaltigen Wandertourismus in Deutschland.

Um sich zertifizieren zu lassen, müssen Unterkunftsbetriebe 23 Kernkriterien und 8 von 18 Wahlkriterien erfüllen. Reine Gastronomiebetriebe müssen einen Kriterienkatalog von 17 Pflichtkriterien erfüllen. Aktuell sind etwa 1.580 Betriebe als Qualitätsgastgeber *Wanderbares Deutschland* ausgezeichnet.

🔗 www.wanderbares-deutschland.de

Wandern bietet eine Vielzahl von Möglichkeiten der Kombination mit verschiedenen touristischen Themen (Dreyer et al., 2010). Bei der Produktkombination Wandern und Kulinarik werden dabei unterschiedliche Variationsmöglichkeiten und Kombinationen mit verschiedenen

Angeboten und Anbietern aufgegriffen – sei es bei kulinarischen Wanderrouten, bei denen die Strecke und Anbieter bzw. Produzenten von kulinarischen Angeboten aufgeführt werden und der Wanderer die Route erwandert und bei Interesse die Anbieter aufsuchen kann. Oder sei es bei gezielten Angeboten, in deren Rahmen eine gewisse Strecke zurückgelegt wird und Essens- und Weinverkostungsstationen fest im Arrangement eingeplant sind.

Auch im Bereich des *Kulinarischen Wanderns* spielt das Erlebnis, Entschleunigung und Selbstfindung eine zunehmende Rolle und Formen des Genießens sind durch aktive Teilnahme im Bereich der Wanderangebote geprägt (Kagermeier, 2011a).

Genusspfade	Wanderstrecken einer Region, auf denen kulinarische Anbieter und deren Öffnungszeiten ausgewiesen sind. Häufig wird hier Bezug zu regionalen Produkten geschaffen. Auch Themenpfade, wie z. B. Rotweinpfade oder Bierwanderwege mit den jeweiligen Anbietern und Spezialitäten werden ausgewiesen.
Tourenwanderungen	Eine feste Wanderstrecke, auf der in unterschiedlichen Streckenabschnitten kulinarische Anbieter besucht werden. Die Touren sind im Vorfeld zu buchen.
begleitete Themenwanderungen	Hierbei werden die Wanderer durch eine Tourguide begleitet und erhalten zusätzliche Informationen zum kulinarischen Angebot, Kultur oder zu der Destination. Die Wanderungen stehen meist unter einem thematischen Bezug wie z. B. Weinwanderung, Kräuterwanderung, Kulinarik der Region. Begleite Themenwanderungen können auch von kulinarischen Anbietern selbst organisiert werden. Dies ist vorwiegend bei Weingütern der Fall.
kulinarische Wandertage	Meist ein öffentlich festgesetzter Termin, auf dem auf einer festen Wanderstrecke Produkte an unterschiedlichen Essens- und Weinverkostungsstationen angeboten werden.
Wanderpicknick	Hier werden entweder Lunchboxen oder Picknickkörbe (auch in Form von Rucksäcken) ausgegeben. Der Gast kann auf der Wanderstrecke selbst über seinen Verpflegungszeitpunkt bestimmen. Meist wird hier eine Karte mit Picknickplätzen oder Aussichtspunkten ausgegeben. Dies ist auch in Form von festen Verpflegungsstationen möglich, an denen der Wanderer seinen Picknickkorb vorfindet.
kulinarische Wanderreise	Mehrtägige Wanderreise in einem bestimmten Land oder Region mit dem Ziel, bestimmte kulinarische Angebote kennenzulernen. Z. B. Weinwanderreisen, Whiskeywanderreisen, Wanderreisen in bestimmte Länder, um Produzenten von regionalen Spezialitäten, wie Weinbauern, Käser, Imker oder Fischer zu besuchen. Individuelle oder geführte Wanderreisen.
Gourmetwanderungen	Auf einer festgesetzten Wanderroute werden in unterschiedlichen Restaurants verschiedene Gänge eines Menüs konsumiert.

1 | Angebotseinteilung kulinarisches Wandern

13 | Beispiel „Vinomat"

Vermehrt werden von Weingütern und Winzergenossenschaften im Weinberg Weinautomaten oder „Vinomaten" aufgestellt und bieten damit Wandertouristen, Radtouristen und Spaziergängern eine Verkostungsmöglichkeit

1.8 Kulinarik als Teil des Radtourismus

Touristische Angebote rund um das Fahrrad haben in den zurückliegenden Jahren stark zugenommen. Dies korreliert mit dem zunehmenden Stellenwert des Fahrrades als Verkehrsmittel und Freizeitbeschäftigung. So ist mit 46 Prozent die beliebteste Sportart in Deutschland, mit dem Fahrrad zu fahren (TK-Studie, 2022), 76 Prozent der deutschen Wohnbevölkerung fährt gelegentlich bis regelmäßig mit dem Rad (ADFC, 2023). Dies zeigen auch die Ergebnisse des *Fahrrad-Monitors 2021*: Danach hat das Rad im Verkehrsmittelvergleich das höchste Wachstumspotenzial (SINUS-Institut, 2021). Somit nimmt auch touristisch das Rad sowie der Radtourismus einen zunehmenden wirtschaftlichen Stellenwert ein. Im Jahr 2022 haben 38 Millionen der in Deutschland lebenden Menschen einen Tagesausflug und 4,6 Millionen eine Radreise unternommen mit einer Reisedauer von durchschnittlich 7,4 Übernachtungen. Die drei wichtigsten Beweggründe für eine Radreise sind dabei: mehr von Land und Leute sehen (80 Prozent), im Urlaub aktiv sein (69 Prozent) und auf eine umweltfreundliche Art zu reisen (56 Prozent) (ADFC, 2023). Gründe für den Fahrradboom im Allgemeinen sind sicherlich Innovationen wie das E-Bike, wodurch weite und steile Strecken einfacher zu bewältigen sind. Außerdem entwickelte sich das Fahrrad, während der Coronapandemie zur wichtigen Alternative zu Bus und Bahn und führte zu zusätzlichen Investitionen in die Radwegeinfrastruktur (Zeit Online, 2020). Auch im Bereich des Fahrradtourismus zeichnen sich Entwicklungen ab: So können in Destinationen der Ausbau der Radwege, die Zunahme der touristischen Infrastruktur für Radfahrer wie *Bett&Bike*-Unterkünfte (die speziell auf die Bedürfnisse von Radtouristen ausgerichtet sind), aber auch Fahrradverleihangebote oder auch Fahrradabstellanlagen beobachtet werden (Baruschke & Behrens-Egge, 2019). Dreyer et al. (2012) misst in diesem Zusammenhang Tourismusmanagern von Destinationen einen großen Stellenwert bei, die daran arbeiten, diese noch attraktiver für Radtouristen zu machen.

Radtourismus im engeren Sinne	radtouristische Spezialangebote	Radtourismus im weiteren Sinne
• Radwandern auf Radfernwegen • Radtagestouren • Mehrtagestouren • Radsport • Radsportevents	• Spezialangebote (z.B. Radführungen – geführte Städteradführungen) • Studienradreisen • Gourmetradreisen • Nutzung von Spezialrädern im Urlaub • Wellness-Radtouren • Kulinarik-Radtouren	• Radfahren als eine Aktivität im Urlaub • Radfahren als Freizeitaktivität • Besuch von Radveranstaltungen und Radmessen

14 | Ausprägungen des Radtourismus

Unterschieden werden können Radtouristen in Radurlauber und Radausflügler. Radausflügler sind dabei Radtouristen, die von ihrem Wohnort Tagesausflüge unternehmen. Radurlauber lassen sich grundsätzlich in zwei Gruppen einteilen:

- **Strecken-Radfahrer**
  Radfahrer mit wechselnden Übernachtungsorten entlang der Reisestrecke
- **Stern-Radfahrer**
  Radfahrer, die wechselnde Tagestouren von ihrem Übernachtungsort aus unternehmen

Stern-Radfahrer gelten als multioptionale Aktivtouristen, die innerhalb ihres Urlaubs gerne Aktivitäten verbinden, z. B. mit wandern, joggen oder Wellness- und Gesundheitsangeboten (Baruschke & Behrens-Egge, 2019).

Im Rahmen der Radreiseanalyse des ADFC (2023) überwiegen dabei klar die Strecken-Radfahrer mit 71,5 Prozent.

Unterscheidung Radreisende	*Strecken*-Radfahrer	*Stern*-Radfahrer
Definition	Radreisende fahren eine Radroute mit wechselnden Unterkünften	Radreisende unternehmen von einer festen Unterkunft verschiedene Tagestouren
Auszug aus der ADFC-Radreiseanalyse 2022		
jeweiliger Anteil	71,5 Prozent	28,5 Prozent
Übernachtungstage	⌀ 7,6 Nächte	⌀ 6,8 Nächte
gefahrene Kilometer pro Tag	⌀ 71 Kilometer	⌀ 52 Kilometer
Anzahl der Etappen oder Radtage	⌀ 9,4 Etappen	⌀ 6,3 Radtage

2 | Unterscheidung Strecken-Radfahrer und Stern-Radfahrer

Weitergehend lassen sich Radtouristen nach ihren soziodemografischen und verhaltensorientierten Merkmalen in verschiedene Gruppen einteilen, z. B. in Radsportler, Familienradler und Genussradler.

> Dabei liegt im Bereich der Radtouristen der Nachfrageschwerpunkt klar bei den *Genussradlern*. Sie sind – in Bezug auf die Angebote im Radtourismus – auch die meist umworbene Zielgruppe.

Radtouristen umfassen Touristen jeden Alters von Familien mit Kindern bis Senioren mit Interesse an Kultur, Kulinarik und Landschaft (Kagermeier, 2011b). Die Kulinarik spielt dabei bei Radurlaubern und Radausflüglern eine entscheidende Rolle. Der Besuch einer gastronomischen Einrichtung ist eine der wichtigsten Aktivitäten bei Radurlaubern. Dabei legen diese verglichen mit Nicht-Radurlaubern, einen besonders hohen Wert auf regionaltypische Speisen (BMWi, 2009). Kulinarik ist damit ein wichtiger Bestandteil eines Radurlaubs und nach körperlicher Anstrengung auch eine Belohnungskomponente.

Hinsichtlich der Organisation kann bei Radreisen unterschieden werden in Pauschalradurlaubern und Individualradurlaubern. Bei Individualradurlauben kann der Radtourist nach persönlichen Präferenzen seine Reise flexibel gestalten. Dies ist mit einem großen Teil an Eigenplanung verbunden. Bei Pauschalradurlauben ist der Reiseablauf mit vorgegebenen Streckenverläufen, vorgebuchten Unterkünften und zusätzlichen Aktivitäten verbunden. Diese können mit oder ohne Reiseleitung gebucht werden (BMWi, 2009). Pauschalradreisende können über Reiseveranstalter, Kommunen, Tourist-Informationen, regionalen Tourismusorganisationen oder Beherbergungsbetrieben, im Baukastensystem oder als feste Pauschale gebucht werden. Hier sticht bei den Pauschalangeboten besonders häufig in der Vermarktung der Bezug zur regionalen Kulinarik hervor, die in der Kombination mit Kultur und Wellness beworben wird.

Da der Großteil der Tagesausgaben (zwischen 60 und 80 Prozent) für Beherbergungs- und Gastronomiebetriebe aufgewendet wird (Rheinland-Pfalz Tourismus GmbH, 2012), ist das radtouristische Potenzial oftmals für strukturschwächere Regionen oder für Wintersportdestinationen als komplementäres Tourismusangebot interessant, um die gesteigerte oder gleichmäßigere (= wirtschaftlichere) Auslastung von Hotellerie und Gastronomie zu erreichen. Daher werden vermehrt in Zusammenarbeit mit Tourismusorganisationen, dem *Allgemeinen Deutschen Fahrrad-Club e.V.* und teilweise auch Klimaschutzorganisationen Projekte zur *Fahrradfreundlichen Gastronomie* lanciert, um örtliche Gastronomie zu stärken, den Fahrradtourismus in der Destination zu unterstützen und neue Zielgruppen zu gewinnen durch:

- kostenloses Laden des E-Bike-Akkus (bei mitgebrachtem Lade-Equipment)
- Fahrradständer / Fahrrad-Abstellmöglichkeiten
- Bereitstellung eines Fahrrad-Reparatursets
- Angebot von regionalen & kostenlosen Radkarten (kostenlose Bereitstellung durch die örtliche Tourist-Info)
- Information zur nächsten Fahrradreparaturwerkstatt
- Kostenlose Auffüllmöglichkeit der Fahrrad-Trinkflaschen mit Leitungswasser (🔗 www.adfc.de)

Radreisen finden eine weitergehende Kategorisierung in Etappenradreise, Standortradreise, Rundreise oder einer Kombination aus den drei Formen (ETI, 2007):

- **Etappenradreise**
  Der Unterkunftsort wechselt täglich und der Start- und Zielpunkt der Radreise sind nicht identisch – „Streckenradreise“ oder „Radwanderreise“.

- **Standortradreise**
  Der Übernachtungsort bleibt im Rahmen der Radreise identisch und es finden Sternfahrten in die umliegende Region statt.

- **Rundreise**
  Der Unterkunftsort wechselt täglich und der Start- und Zielpunkt der Radreise sind identisch.

Die Nachfrage nach der Thematik „Rad und Kulinarik“ zeigt sich auch an den unterschiedlichen Internetplattformen, die dem Radurlauber als Informationsportalen zur Verfügung stehen. Hier finden sich Angebote zu kulinarischen Radtouren, zu Destinationen, Beherbergungs- und Gastronomiebetrieben und Wissenswertes rund um das Thema Radfahren, Kulturerlebnis und Kulinarik. Als grenzübergreifende Plattform stellt 🔗 www.velontour.info die Länder Österreich, Deutschland, Schweiz, Italien, Slowenien und Lichtenstein als Raddestinationen vor. Fokus ist hierbei der Genussradfahrer mit maßgeschneiderten Angeboten und Tourentipps zur kulinarischen Radtour.

Beispiele | Kulinarische Rad-Themenrouten

Apfelradlrunde | 🔗 www.gehrenberg-bodensee.de/tour/apfelradlrunde

Berg Bier Tour | 🔗 www.bergbiertour.de

Genuss Radtouren in Tirol | 🔗 www.tirol.at/reisefuehrer/sport/radfahren/kulinarisches-rad wandern

Deutsche Fisch-Genuss-Route | 🔗 www.fischgenussroute.de

Badischer Weinradweg | 🔗 www.badische-weinstrasse.de/erleben/badischer-weinradweg

Allgäuer Käsestraße | 🔗 www.allgäuer-käsestrasse.de

2 Kulinarik und kulinarische Strukturen in der Destination

Kulinarik ist ein Sammelbegriff, der unterschiedliche Bestandteile wie den Anbau, Herstellung, Verarbeitung, Zubereitung und Einkauf von Lebens- und Genussmittel in sich versammelt. Sie ist elementarer Bestandteil im Bereich des Reisens. Nicht nur, dass die Ausgaben für Essen und Trinken einen wesentlichen Anteil eines jeden Reisebudgets entsprechen, sondern auch, da Kulinarik einen ausschlaggebenden Anteil des Leistungsbündels darstellt und damit auch Teil der Erinnerung an das Reiseerlebnis ist. Ungeachtet dessen, ob Kulinarik als Hautmotiv der Form des *Special Interest Tourism* entspricht, sie Teil eines Motivbündels ist oder diese einen untergeordneten Stellenwert einnimmt:

Kulinarik ist immer Teil der Bewertung einer Reise.

Die Kulinarik einer Destination, die Produkte, deren Herstellung und Verarbeitung prägen die Kultur ihres Ursprungs und das lokale Leben. Kulinarik und ihre Bestandteile symbolisieren damit auch die Identität von Destinationen. Daher ist es nicht verwunderlich, dass im Tourismus immer mehr Destinationen die Spezifika der örtlichen Kulinarik aufgreifen, um diese in die Aspekte der Destinationsvermarktung einzubeziehen. Regionalspezifische Komponenten der Kulinarik und Anbieter von kulinarischen Elementen tragen somit dazu bei, den kulturellen Aspekt der Destination zu stärken und diese als Differenzierungsmerkmal zu nutzen. Dadurch gehen Möglichkeiten wie die Erhöhung der Auslastung, Erschließung neuer Zielgruppen und Steigerung des Bekanntheitsgrades oder auch Imageverbesserung einher (Hausmann & Murzik 2011).

Den regionalen und traditionellen Produkten wird hierbei eine besondere Bedeutung zugesprochen. Authentische Produkte werden von Touristen als Symbole für Orte und Kultur des Reiseziels wahrgenommen und sind damit ein wesentlicher Anteil der Erinnerungskultur (Sims, 2009). Die Integration der Kulinarik und Bestandteile der Kulinarik in den Identitätsaufbau einer Destination bietet damit Akteuren in den Destinationen die Möglichkeit, durch die Partizipation an entstehenden Wirtschaftskreisläufen von der touristischen Wertschöpfungskette zu profitieren. Dies zahlt auch auf die Akzeptanz des Tourismus bei der lokalen Bevölkerung ein. Mit der Kulinarik verbundene Angebote ziehen also unterschiedliche Effekte nach sich: Primär steht hier der ökonomische Effekt wie Einkommensfunktion und das Generieren von Umsätzen in touristischen und nicht touristischen Betrieben im Fokus. Weiterhin kann von einem regionalen Ausgleich gesprochen werden, profitieren durch die Schaffung von Angeboten im kulinarischen Tourismus auch Betriebe in weniger touristisch frequentierten Regionen. Durch die Sensibilisierung von Besuchern und Touristen für regionale Produkte haben Angebote der Kulinarik und die damit einhergehende Bewahrung der kulinarischen Kultur darüber hinaus einen soziokulturellen Effekt. Diese Effekte können unterschieden werden in direkt messbare, quantifizierbare tangible Effekte sowie nur schwer messbare intangible Effekte.

15 | Ein Schild in Berlin, aufgestellt auf der Besucherzuführung zum Reichstagsgebäude, das auf die Sternegastronomie und die Vielfalt des kulinarischen Angebots Berlins hinweist.

16 | Effekte des kulinarischen Tourismus

2.1 Kooperationen im kulinarischen Tourismus

Damit Kulinarik ein integraler Bestandteil einer nachhaltigen und vernetzten Tourismuswirtschaft sein kann, bedarf es regionaler Wirtschaftskreisläufe und die Vernetzung verschiedener Branchen. Diese Vernetzungen und Kooperationen finden dabei auf Destinationsebene und destinationsübergreifender Ebene statt. Beispiel einer Vernetzung auf destinationsübergreifender Ebene ist die 1999 in Italien gegründete Bewegung *cittaslow*. Diese verfolgt das Ziel der Verbesserung von kommunaler Lebensqualität in Städten unter der Prämisse der Wahrung der eigenen Kultur (Cittaslow Deutschland, 2023). Die Cittaslow-Bewegung hat ihre Grundlage in der Slow-Food-Bewegung, die verantwortungsvoll produzierte Lebensmittel in den Fokus nimmt und Menschen den Zugang zu qualitativ hochwertigen und fairen Produkten ermöglichen soll (🔗 www.slowfood.de). Städte, die sich der Cittaslow-Bewegung angeschlossen haben, verfolgen das Ziel, durch die Entschleunigung der Lebensweise eine Steigerung der Lebensqualität für Einwohner und deren Besucher herbeizuführen. Der Fokus liegt dabei auf die Herausstellung von lokalen Besonderheiten wie Traditionen und Bräuchen, regionaler Wertschöpfung und nachhaltiger Entwicklung (Mayer & Knox, 2009).

Auf Destinationsebene kommen Anbieter von kulinarischen Angeboten nicht umhin, mit anderen Anbietern oder Akteuren der Tourismuswirtschaft in Kontakt zu treten und Kooperationen zu bilden. Diese Kooperationen können dabei horizontaler, vertikaler und lateraler Natur sein (Wöhler, 1997):

- **horizontale Allianzen**
  bestehen bei der Zusammenarbeit von Unternehmen untereinander z. B., wenn zwei Weingüter zusammen eine Veranstaltung durchführen
- **vertikale Kooperationen**
  zeichnen sich durch die Zusammenarbeit auf unterschiedlichen Wirtschaftsstufen aus – beispielweise bei Gastronomiebetrieben, die ihren Wein von einem lokalen Weingut beziehen.
- **laterale Kooperationen**
  beispielsweise Weingüter, die mit touristischen Partnern oder anderen Betrieben anderer Bereiche auf der gleichen Stufe zusammenarbeiten (Dreyer, 2021)

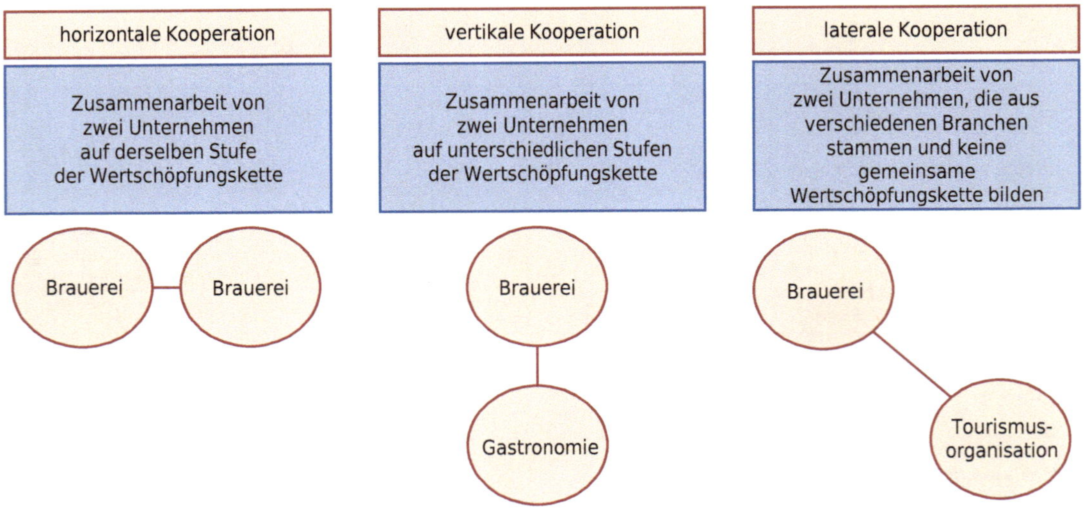

17 | Beispiele für Kooperationsformen

So kann die Beziehung der einzelnen Leistungsträger sowohl kooperativ wie auch durch Konkurrenz geprägt sein. Eine Möglichkeit der kooperativen Zusammenarbeit bietet das Cross-Marketing.

> Cross-Marketing ist ein „[...] übergeordneter Begriff für die unterschiedlichsten Formen der Zusammenarbeit zweier oder mehrerer Partner im Marketing. Dabei werden spezifische Kompetenzen und Ressourcen von den Partnern in die Kooperation eingebracht, um unter Nutzung ausgewählter Marketing-Mix-Instrumente die jeweiligen Ziele des Cross-Marketings effizienter als im alleinigen Vorgehen zu erreichen" (Meyer und Schade, 2007).

Cross-Marketing zählt zu den Kooperationsstrategien, die als Marketingkooperation eine Spezialform darstellt (Hartmann, 2014). Um Cross-Marketing im Unternehmen mit dem Ziel umzusetzen, dass beteiligte Unternehmen oder Marken gegenseitig voneinander profitieren, muss bei der Auswahl der Partner darauf geachtet werden, dass neben identischen Zielgruppen beidseitiger Wille zur Kooperation besteht (Meyer und Schade, 2007).

Formen des Cross-Marketings

Cross-Marketing beruht auf der Annahme, dass Kooperationspartner wechselseitig von den Stärken des jeweils anderen und deren Marke profitieren. Dabei lässt sich Cross-Marketing in unterschiedliche Formen kategorisieren:

- **Co-Branding**
  Bei der Markenallianz des Co-Brandings schließen sich zwei (oder) mehr Unternehmen/Marken zusammen, um gemeinsam ein neues Produkt zu vermarkten (Meyer und Schade, 2007), dabei sind sie für den Konsumenten weiterhin als eigenständige Marke erkennbar (Scharnowski, 2006). Die Konsumenten verbinden mit jedem der beteiligten Partner spezifische Kompetenzen. Dadurch entsteht bei diesem ein Mehrwert (Vilmar, 2006). Durch die Bildung eines Co-Branding wird das Potenzial von mindestens zwei Marken gebündelt (Huber, 2005). Von der gegenseitigen Stärkung des Markenimages und der Markenbekanntheit können so beide Marken profitieren (Helmig et al., 2008). Ein Beispiel für Co-Branding ist die Kreation

eines neuen Weines durch zwei Weingüter oder wenn eine Brauerei und eine Brennerei gemeinsam eine neue Veranstaltung entwickeln.

- **Product-Bundling**
  Beim Product-Bundling bieten zwei Partner innerhalb eines bestimmten Zeitraums ihre Leistung vergünstigt als Paket an (Görtz, 2010). Dieser Paketpreis ist meist günstiger als die Summe der Einzelpreise. Insbesondere bei der Einführung von neuen Produkten bietet sich das Product-Bundling an. Ziel ist es, ein größeres Publikum und neue Zielgruppen zu erreichen. Bei der Kooperation mit einer etablierten Marke wird so der Zugang zu Verbrauchern erleichtert (Meyer und Schade, 2007). Beispiele sind kulinarische Stadtführungen, bei denen in unterschiedlichen gastronomischen Einrichtungen Bestandteile eines Menüs konsumiert werden. Anderes Beispiel ist ein Veranstaltungspaket bestehend aus einem Besuch einer kulinarischen Veranstaltung kombiniert mit einer Übernachtung in einem Beherbergungsbetrieb und dies im Paketpreis günstiger im Vergleich zur Einzelleistung angeboten wird.

- **Cross-Selling**
  Bei dieser Vertriebskombination wird ein Produkt über den Absatzkanal des jeweils anderen Unternehmens angeboten. Dadurch wird die Produktpalette des beteiligten Partners erhöht und ein zusätzlicher Nutzen für den Konsumenten generiert. Dieser Kreuzverkauf erzeugt so für die Unternehmen einen neuen Absatzkanal (Meyer und Schade, 2007). Ein Beispiel ist, wenn sich ergänzende Produkte zweier Hersteller jeweils auch in den Räumlichkeiten des anderen angeboten werden: Der Hersteller von Schokolade und ein Weingut bieten Wein und Schokolade jeweils in den Verkaufsräumen des jeweils anderen an. Voraussetzung ist, dass beide Produkte in Kombination genossen werden können oder sich gar positiv beeinflussen oder ergänzen.

- **Cross-Referencing**
  Die ein- oder gegenseitige Empfehlung der Partnerunternehmen nennt man Cross-Referencing. Bei diesem Testimonial-Effekt profitieren die Partnermarken ohne ein zwingend notwendiges Budget. Dabei sollte die zu empfehlende Marke über eine hohe Kompetenz verfügen, außerdem sollte das Image der Marken übereinstimmen (Meyer und Schade, 2007). Beispiel ist die Web-Verlinkung unterschiedlicher Anbieter von kulinarischen Angeboten auf der jeweiligen Unternehmenswebsite oder z. B. eine Brauerei und ein gastronomischer Betrieb empfehlen sich gegenseitig.

- **Cross-Sponsoring**
  Beim Cross-Sponsoring werden Sponsoringaktivitäten durchgeführt und dadurch die jeweils eigenen Projekte unterstützt (Meyer und Schade, 2007). Durch eine Sach- oder Dienstleistung profitiert so das sponsernde Unternehmen durch den Marketingeffekt. Weitere Möglichkeiten wären, dass das gesponserte Unternehmen Produkte des Sponsors vertreibt, z. B. bei einer Veranstaltung.

- **Cross-Promotion**
  Dabei werden durch verschiedene Unternehmen oder Marken gemeinsame Aktionen als Werbemaßnahmen durchgeführt. Diese sollten besondere Aufmerksamkeit mit sich bringen und sind meist auf einmalige oder kurze Dauer angelegt (Meyer und Schade, 2007). Dabei entsteht meist kein neues Produkt – es geht vielmehr im Kern darum, die beteiligten

Partner zu vermarkten. Beispiele sind einmalige Events von unterschiedlichen kulinarischen Anbietern oder ein gemeinsam durchgeführtes Gewinnspiel.

2.2 Blick in die Praxis

18 | Die an der Deutschen Weinstraße gelegene Stadt Deidesheim im Landkreis Bad Dürkheim/Rheinland-Pfalz hat durch ihren historischen Hintergrund, die Geografie und das Klima mit ihren ansässigen Winzern und Weingütern den Weinbau und die damit verbundene Weinkultur Deutschlands maßgeblich mitgeprägt. Umringt von zahlreichen Weinbaudestinationen in Rheinland-Pfalz, hat sich Deidesheim klar auf den Aufbau des Destinationsimage von Genuss und Weinkultur konzentriert. Verbunden mit dem strategischen Ziel der Destinationsentwicklung, besteht seit 2009 die Mitgliedschaft im internationalen Netzwerk von *cittaslow,* um den drei Säulen der touristischen Identität „Weinkultur", „Individualtourismus" und „nachhaltige Lebensqualität" Ausdruck zu verleihen.

Interview mit Stefan Wemhoener | *Geschäftsführer der Tourist Service GmbH Deidesheim*

Was verstehen Sie unter kulinarischem Tourismus in Bezug auf die Destination Deidesheim?

Deidesheim hat den Schwerpunkt Wein, Kultur und Tourismus. Wir zählen die Kulinarik zum Bereich der Kultur. Dabei ist die Kulinarik sehr eng mit unserer Weinkultur im Einklang und hat sich in der Historie von Deidesheim gegenseitig befruchtet. Mit dem Beginn des Weinbaus ist auch die Kulinarik gewachsen und ist dadurch ein Teil dieser Kultur. Dies zeigt auch die Historie, mit dem Gasthaus „Zur Kanne" gab es das erste Gasthaus der Pfalz in Deidesheim. Dies resultierte aus der Tatsache, dass die Weinbarone hier gesiedelt und Weingüter gegründet haben. Darüber sind Menschen nach Deidesheim gekommen. Besagtes Gasthaus hatte eine

Weinausschankkonzession und hat dazu Speisen angeboten. Kulinarik ist sehr verwurzelt mit der Kultur der Region, den Menschen, die hier wohnen und dadurch auch ein fester Bestandteil der Menschen, die Deidesheim besuchen.

Wie würden Sie die Zielgruppe des kulinarischen Touristen in Deidesheim charakterisieren?

Wir haben hier in Deidesheim ein sehr spezielles Zielpublikum, ich würde es als Genuss-Publikum umschreiben. Das sind Menschen, die Kulinarik und eine positive Lebenseinstellung verbinden. Aus Befragungen wissen wir, dass diese Gäste Kulinarik als Teil des Genusses sehen und diese sehr eng mit den Bereichen Wein, intakter Natur und lokaler Kultur verbinden. Dabei handelt es sich um ein Publikum im Altersspektrum ab 40 Jahren, Besserverdienende, die gerne gut und authentisch essen. Es sind Gäste, die über eine gewisse Spannbreite des kulinarischen Interesses verfügen und ein Sternerestaurant besuchen, aber auch regionaltypische Speisen wie den Saumagen genießen. Es handelt sich dabei um ein kulturaffines Publikum, das sehr qualitätsorientiert ist und sehr darauf achtet, dass das Essen zur Atmosphäre von Deidesheim passt, wenngleich dieses Publikum auch sehr weltoffen ist und bereit ist, Neues auszuprobieren. Weiterhin muss man sagen: Den reinen kulinarischen Touristen – das sind zum Beispiel Gäste, die hier in die Sternegastronomie gehen und aufgrund dieser Gastronomie nach Deidesheim kommen. Für die meisten Gäste ist Kulinarik ein Thema, das mit anderen Angeboten kombiniert wird.

Welche Gegebenheiten muss eine Destination wie Deidesheim erfüllen, um auch ein jüngeres Zielpublikum an den kulinarischen Tourismus heranzuführen?

Hier stehen zwei Bereiche im Fokus. Den ersten Bereich stellen Outdooraktivitäten wie Wandern und Radfahren dar, die wir mit der Thematik der Kulinarik verbinden. Hierbei steht besonders die Hüttenkultur in Deidesheim im Fokus. Sie ist in ihrer Dichte weltweit einzigartig, ist rund um Deidesheim angesiedelt und bietet jeweils ein spezielles kulinarisches Angebot. Dieses Zielpublikum ist besonders interessant, da es sich um Aktivurlauber handelt. Die zweite Schiene bietet die Deidesheimer Weinkerwe und der Weihnachtsmarkt mit jeweils etwa 150.000 Besuchern. Diese bieten jeweils die Möglichkeit, eine kulinarische Bandbreite anzubieten.

Deidesheim ist Mitglied in der Cittaslow-Vereinigung. Welchen Mehrwert bietet diese Mitgliedschaft der Vermarktung von kulinarischem Tourismus in der Destination?

Cittaslow entspringt der Idee von *Slow Food*. *Slow Food* hat er sich zum Ziel gesetzt, die kulinarische Vielfalt der Region in den Vordergrund zu stellen. Diese Idee haben wir auf alle Bereiche der Stadt ausgeweitet. Die Mitgliedschaft in *Cittaslow* hat von Seiten der kulinarischen Anbieter dazu beigetragen das Bewusstsein für Regionalität und regionale Grundprodukte zu stärken – der Grund warum Besucher nach Deidesheim kommen.

Gibt es Trends beim kulinarischen Tourismus und wo sehen Sie diese?

Einen kulinarischen Trend gibt es, Kulinarik im Erlebnisbereich zu verorten. Dies zeigt sich besonders in der Kooperation von Gastronomie und Weingütern, bei denen kulinarische Erlebnisse geschnürt werden, die den Gästen einen Mehrwert bieten. Besonders in der Kombination von verschiedenen regionalen Produkten wie Wein, Schokolade oder Käse. Sie werden in der Gastronomie von einem Sensorik-Experten besprochen und bieten damit nicht nur Konsum, sondern auch zusätzliches Wissen, das dem Gast mitgegeben wird.

Diese Beispiele zeigen, wie relevant Kooperationen im Tourismus sind. Wie schwierig ist es, diese Relevanz der Kooperationen ins Bewusstsein der kulinarischen Akteuren zu rücken?

Eigentlich eine Daueraufgabe, wobei diese im Bereich der Funktion des Netzwerkers durchgeführt wird. Wir versuchen Kontakte herzustellen und verschiedene Player zusammenzubringen. Dabei ist es wichtig, den Überblick über die Angebote und potenziellen Anbieter zu haben und zu versuchen, Kontakte herzustellen. Dabei haben wir in Deidesheim den Vorteil, Weingüter zu haben, die sich im Bereich des Tourismus professionalisiert haben und daher wissen, wie wichtig diese Vernetzung ist. Zudem gibt es in diesem Bereich eine neue Generation von Unternehmern, die diesen Kooperationsgedanken schon viel mehr in sich tragen.

Was müssen Destination mitbringen, um sich im Bereich des kulinarischen Tourismus zu etablieren und am Markt bestehen zu können?

Wichtig ist das Bewusstsein zu stärken. Es geht nicht darum, dass Gäste, die kommen satt werden, sondern es geht darum, Kulinarik wirklich als einen Marketingfaktor aufbauen zu wollen. Gäste möchten nicht in austauschbaren Destinationen ihren Urlaub oder einen Kurztrip verbringen, sondern möchten eine Destination erleben, hinter der eine Idee steht. Diese Idee kann man kulinarisch transportieren. Dafür bedarf es Protagonisten und muss die Stärken dieser kennen. Ein Beispiel aus der *Cittaslow Vereinigung* zeigt, was möglich ist: In einer Stadt, in der die Gastronomieszene nicht so stark ausgeprägt war, haben sich Landfrauen zusammengefunden und am Wochenende verschiedene traditionelle Gerichte aus der Region zubereiten. Hieraus ist ein Restaurant entstanden, dass für die Besucher etwas ganz Besonderes ist.

Welchen Mehrwert bietet eine Destination, die sich im kulinarischen Tourismus positioniert, seinen Einwohnern?

In erster Linie der Stolz auf die kulinarische Vielfalt und dass diese ihnen die Möglichkeit gibt, die Angebote selbst zu nutzen. Aus Studien wissen wir, dass diese Angebote einen Teil der Lebensqualität in Deidesheim darstellen.

Stefan Wemhoener (Diplom-Betriebswirt) studierte Wirtschaftswissenschaften an der Universität Gießen. Seit 1995 ist er Geschäftsführer der *Tourist Service GmbH Deidesheim* und seit 2010 Geschäftsführer der *Stiftung Bürgerhospital Deidesheim*. In diesen Funktionen sowie als Mitglied des Vorstands des *Tourismus- und Heilbäderverbandes Rheinland-Pfalz* setzt sich Stefan Wemhoener für die auf den *Cittaslow*-Kriterien beruhende qualitätsorientierte Entwicklung des Natur- und Kulturtourismus in der Urlaubsregion Deidesheim, an der als Nachhaltigkeitsregion zertifizierten *Deutschen Weinstraße* und in der Pfalz ein.

Interview mit Hansjörg Mair | *Geschäftsführer der Schwarzwald Tourismus GmbH*

Was verstehen Sie unter kulinarischem Tourismus?

Kulinarik und Beherbergung sind einer der wichtigsten Faktoren einer Reise. Beim kulinarischen Tourismus muss unterschieden werden, ob dies das Hauptargument einer Reiseentscheidung ist. In meinen Augen ist das eher die Ausnahme. Die andere Seite ist die Kombination von Kulinarik mit anderen Themen wie Wandern und Genuss oder Radfahren und Genuss. Eine große Rolle spielt dabei auch das Thema Städtereise in Kombination mit Kultur und Kulinarik. Beim Thema Kulinarik gehört für mich auch der Teilbereich der Oenologie hinzu. In Italien gibt es hierzu eine Bewegung des oenologischen Tourismus. Einmal im Jahr werden in Italien viele Kellereien geöffnet. Dies ist für Besucher der Hauptreisegrund und ist vom generellen kulinarischen Tourismus zu unterscheiden. Die Kulinarik und die Wertschätzung der Kulinarik nimmt in den vergangenen Jahren immer weiter zu. Dies wird auch durch die verstärkte mediale Präsenz des Kochens beeinflusst, aber auch durch die Pandemie, die viel Menschen dazu bewegt hat, sich verstärkt mit dem Thema Kochen, Backen und Kulinarik im Allgemeinen auseinanderzusetzen. Kulinarik ist auch immer ein Stück Kultur und Ausdruck eines Landes, das ich als Tourist bereise. Im besten Fall bin ich dabei ein Mitbewohner auf Zeit – da möchte ich mich in der Region mit den Menschen und der Kultur durch und durch befassen. Dazu gehören auch die regionale Kochkunst und Kochkultur.

Sie waren beruflich in Südtirol und sind jetzt im Schwarzwald tätig. Denken Sie, es gibt einen Unterschied hinsichtlich der Gewichtung des kulinarischen Tourismus in diesen beiden Regionen?

Es gibt schon einen Unterschied, wobei die beiden Regionen nur schwer zu vergleichen sind. Südtirol hat eine Bekanntheit und Beliebtheit, die sich auf den deutschen und italienischen Sprachraum erstreckt. In diesem Einzugsgebiet kennt man die Vorzüge und die Produkte der Region. Im Schwarzwald ist die Vorrausetzung eine andere. Der Schwarzwald ist rund um den Erdball bekannt. Darüber hinaus ist der Schwarzwald für seine hohe Dichte an Sternerestaurants berühmt, die für den deutschen Gast, aber auch für die angrenzenden Länder Relevanz haben. Wir wissen, dass viele Gäste zum ersten Mal in den Schwarzwald aufgrund dieser Sternedichte kommen. Diese Anziehungskraft strahlt wiederum auf andere gastronomische Betriebe ab.

Inwiefern hat sich in den zurückliegenden Jahren der Blickwinkel auf den kulinarischen Tourismus seitens der Destinationen geändert?

Wenn man auf Südtirol schaut, war die Triebkraft der Veränderung die Weinwirtschaft. Um auf dem Markt zu bestehen, ist hier vor 25 Jahren die Einsicht gereift, dass dies nur über Qualität zu erreichen ist. Das war auch der Anstoß für die Gastronomie sich weiter zu professionalisieren ebenso wie die Anpassung der traditionellen Gerichte auf die heutigen Gegebenheiten. Im Schwarzwald ist dies sicherlich die Mentalität der Menschen, die Dinge weiterentwickeln möchten und natürlich die Nähe zu Frankreich, die hier ihren Beitrag leistet.

Welche Möglichkeiten hat das Destinationsmanagement, das Thema des kulinarischen Tourismus in einer Destination zu forcieren?

Am Ende des Tages zählt das touristische Produkt. Das Destinationsmanagement spielt die Rolle des Sparringspartners oder des Inkubators. Wir können unseren Leistungsträgern vor Ort mittteilen, was am Markt nachgefragt wird. Wir können Leuchttürme in der Kommunikation nach vorne stellen, Anstöße geben zur Innovation und das Thema über unsere Kanäle kommunizieren. Marktuntersuchungen haben gezeigt, dass das Thema Wein und Kulinarik im Schwarzwald sehr gut vereinbar ist. Ein Thema, welches wir initiiert haben, um dem Thema Kulinarik eine höhere Wertschätzung zu verleihen. Dadurch sind neue touristische Produkte entstanden, die wir wiederum in der Vermarktung der Destination aufgreifen. Darüber hinaus ist es unsere Aufgabe, die Akteure der Tourismuswirtschaft und der Weinwirtschaft zusammenzubringen, um hier Hemmnisse abzubauen und Vorteile der Kooperationen aufzuzeigen.

Welche Herausforderungen stellen sich Destinationen, um sich im Bereich des kulinarischen Tourismus öffnen zu können?

In erster Linie müssen interessierte Kooperationspartner mit Herzblut vorhanden sein – sei es vom Produzenten über Gastronomen und auch Touristiker, die an einem Strang ziehen. Wenn man punkten kann, ist dies mit nachhaltig produzierten regionalen Produkten. Nicht zu vergessen ist die einheimische Bevölkerung, die ideell auf der Seite der Vermarktung stehen sollte. Es sollten dahingehend Produkte entwickelt werden, die von den Einheimischen genauso selbstverständlich konsumiert werden wie von einem Gast. Daher sollte sich immer die Frage gestellt werden, ob diese touristischen Produkte auch im Bereich der Kulinarik für die Einheimischen nachvollziehbar, erlebbar und authentisch sind.

Welche Potenziale sehen Sie, um den kulinarischen Tourismus im Schwarzwald weiter auszubauen?

Um das Thema im Schwarzwald noch attraktiver zu gestalten, ist hier eine stärkere Verbindung von Kulinarik und Wandern oder Kulinarik und Radfahren eine Aufgabe. Auf der anderen Seite ist eine stärkere Verzahnung zwischen den Weinregionen, am Rande des Schwarzwaldes und den Kerngebieten des Schwarzwaldes wichtig, um auch hier die einheimischen Produkte der Weinwirtschaft in der Gastronomie noch präsenter zu positionieren.

Hansjörg Mair ist gebürtiger Südtiroler. Er ist seit September 2017 Geschäftsführer der *Schwarzwald Tourismus GmbH* (STG). Zuvor war er Geschäftsführer des Tourismusverbandes *Südtirols Süden* mit Sitz in Bozen (2001–2017). Mair hat nach seinem Diplom als Touristikkaufmann an der Universität St. Gallen (Schweiz) Destinationsmanagement studiert.

3 Erlebnisse im kulinarischen Tourismus

Kulinarik und das kulinarische Erlebnis sind elementarer Bestandteil einer jeden Reise. In der Tourismusforschung gibt es unterschiedliche Modelle, die die Reiseerfahrungen und das damit verbundene Erlebnis untersuchen. Die Reiseerfahrung bezieht sich in der Regel auf die Kundenerfahrung des ganzen Urlaubs, einer Reise oder eines Reiseziels. Dabei ist es auch wichtig, spezifische Elemente einer Reise zu identifizieren, die zu unvergesslichen Erlebnissen führen können (Tung & Ritchie, 2011). Positive Essens- und Getränkeerlebnisse leisten dazu einen wichtigen Beitrag zu einer erhöhten Reisezufriedenheit und stehen in direktem Kontakt mit einer positiven Weiterempfehlungsrate (Stone & Migacz, 2016). Diese Erlebnisse können so auch zur Imageentwicklung einer Destination beitragen (Harrington & Ottenbacher, 2013), indem das kulinarische Angebot einer Region oder eines Landes zu einem Differenzierungsmerkmal werden, und so zu Wettbewerbsvorteilen gegenüber Konkurrenten beitragen können (Henderson, 2009). Heimische Lebensmittel, Speisen und Getränke werden für Touristen zum Symbol der kulturellen Identität einer Destination, die das lokale Terroir, die Geografie, das Klima und den historischen Hintergrund widerspiegeln (Lin & Mao, 2015).

3.1 Erlebnisinszenierung

Aber auch für einzelne Akteure im kulinarischen Tourismus kann die Erlebnisinszenierung von grundlegender Bedeutung sein. Ziel ist es, Angebote so zu gestalten, dass diese als Erlebnis wahrgenommen werden, um sich dadurch von Mitbewerbern zu differenzieren und höhere Preise zu rechtfertigen. Ein Beispiel zeigt sich hierbei im Weintourismus: Weingüter, die ihre Veranstaltungen angepasst an Kundenwünsche inszenieren, können dadurch eine differenzierte Position im Wettbewerb erreichen (Rüdiger, 2022b).

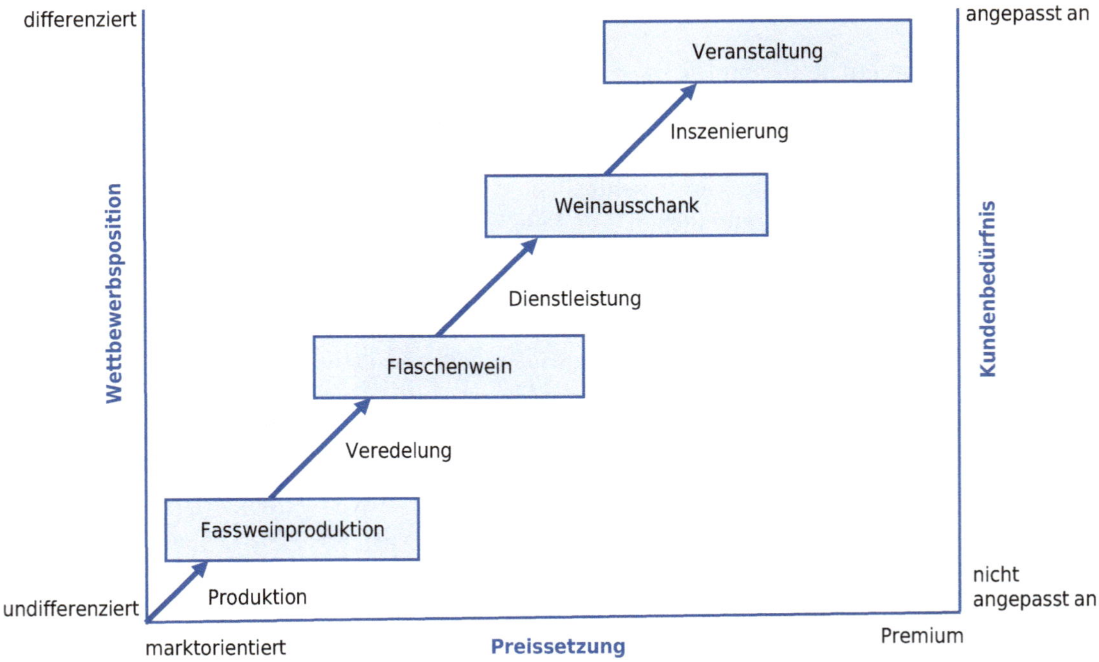

19 | Progression des ökonomischen Wertes von Wein unter Einbezug der Erlebnisorientierung

Merkmal	Erläuterung
Zusammensetzung aus …	
Einzelerlebnissen	Ein Erlebnis setzt sich aus einem sensorischen, einem affektiven, einem kognitiven, einem verhaltensbezogenen und einem sozialen Modul zusammen, ergänzt durch die Deckung menschlicher Grundbedürfnisse; ein Erlebnis ist dann wirkungsvoll, wenn alle Größen sowie die Grundbedürfnisse bedient werden.
Abheben vom Alltag	Ein Erlebnis unterscheidet sich grundlegend vom Erlebten, also dem Alltag des Erlebenden.
Einprägsamkeit	Erlebende behalten das Erlebnis durch geistige Interaktion lange im Gedächtnis.
Subjektbestimmtheit	Es hängt allein vom Erlebenden ab, ob Wahrgenommenes mit Gefühlen und Erinnerungen belegt und es so als Erlebnis bewertet wird.
Einmaligkeit	Durch die Subjektbestimmtheit können zwei Menschen nie exakt dasselbe Erlebnis haben.
Unvorhersehbarkeit	Erlebnisse, die unvorhergesehen verlaufen bzw. einen „Überraschungseffekt“ beinhalten, sind für den Erlebenden intensiver als vorhersehbare, erwartete Erlebnisse.

3 | Merkmale von Erlebnissen

Grundsätzlich ist ein Erlebnis mit Gefühlen und Erinnerungen des Individuums verknüpft, daher werden Erlebnisse auch immer *subjektiv* bewertet (Scheurer, 2003). Ein Erlebnis entstehen im Kopf des Erlebenden und setzt sich aus

- einer sensorischen
- einer affektiven
- einem kognitiven
- einem verhaltensbezogenen und
- einer sozialen Komponente

zusammen, die durch die Deckung menschlicher Grundbedürfnisse ergänzt wird (Schmitt & Mangold, 2005; Musiolik, 2017). Ein Erlebnis unterscheidet sich grundlegend vom Erlebten des Alltages und bleibt durch eine geistige Interaktion lange im Gedächtnis des Subjektes (Schmitt, 2010).

Die Tourismusbranche befasst sich seit geraumer Zeit in unterschiedlichsten Forschungsarbeiten mit der Thematik der Erlebnisinszenierung. Dabei basieren diese Forschungsarbeiten und die weitergehende Inszenierung von Veranstaltungen und Dienstleistungen primär auf den unterschiedlichsten Methoden des *Experience Designs* (Pine & Gilmore, 1999), des *Imagineerings* (Sklar, 2010) und der Erlebnisplanung im Tourismus (Müller & Scheurer 2004).

Erlebnisinszenierung im Weintourismus

Um dieses Erlebnisversprechen für den Weintourismus nutzbar zu machen, können von Weingütern bei der Konzeption von Veranstaltungen unterschiedliche Bausteine berücksichtigt werden (Rüdiger, 2022b):

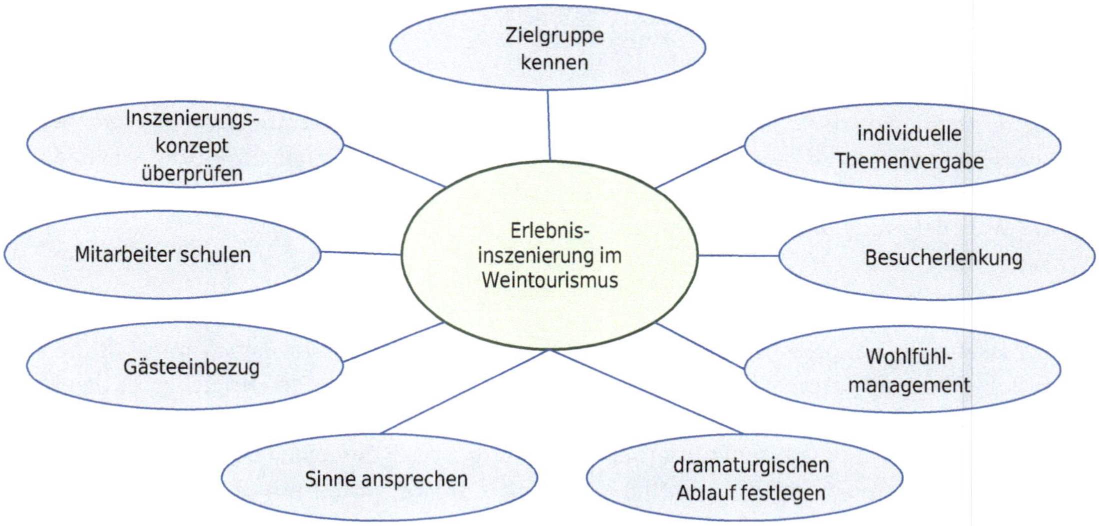

20 | Bestandteile der Erlebnisinszenierung im Weintourismus

Zielgruppe kennen und gezielt ansprechen

Kenntnis um die Erwartungen der Zielgruppe und Kundenbedürfnisse – dieses Wissen ist grundlegend wichtig für die Integration von weintouristischen Elementen in das Geschäftsmodell von Weingütern. Dazu gehört auch die analytische Marktbetrachtung der Nachfragerseite, da sich Konsumenten in Bezug auf demografische oder psychographische Eigenschaften länderspezifisch und regional unterscheiden. Die Kenntnis der Zielgruppe ist essentiell wichtig, um maßgeschneiderte Angebote für die Zielgruppe anzubieten.

Veranstaltungen individuelle Themen geben

Thematische Veranstaltungen brauchen eine klare, zielgruppenorientierte Einordnung und Ansprache – weintouristische Veranstaltungen werden naturgemäß unter dem großen Dachthema „Wein" subsumiert. Veranstaltungen von Winzern oder Winzergenossenschaften instrumentalisieren die primäre Zuordnung als Marketinginstrument, um damit den direkten oder indirekten Weinverkauf bei der Zielgruppe zu unterstützen. Angebotene Veranstaltungen unter dem Dachthema „Wein" verfolgen mit einer klaren thematischen Einordnung der Veranstaltungen zum einen eine thematische Individualisierung und dadurch zum anderen auch weitergehende Abgrenzung zu Mitbewerbern.

Besucherlenkung

Besucherlenkung steht für die gezielte Lenkung von Gästeströmen mithilfe von Signalen, gestalterischen Elementen und Informationskonzepten. Auf diese Weise werden zum einen Besucherströme im Sinne eines abgestimmten und durchdachten Veranstaltungskonzeptes kanalisiert, zum anderen bietet es die Möglichkeit, Marketinginstrument einer Veranstaltung zur Verkaufsunterstützung aktiv prominenter zu positionieren.

Wohlfühlmanagement

Das Wohlfühlmanagement ist entscheidend, ob die Veranstaltungsatmosphäre Teil des Veranstaltungserlebnisses wird. Eine positive Wahrnehmung beim Besucher durch unterschiedliche physiologische Grundbedürfnisse, Sicherheits- und soziale Bedürfnisse nehmen großen Einfluss auf die Wahrnehmung des Erlebnisses.

Dramaturgischen Ablauf festlegen

Die Dramaturgie ist die strategische Steuerung einer weintouristischen Veranstaltung, die sicherstellt, dass der Veranstalter die Kontrolle über die Eindrücke der Besucher in der Hand behält. Am Beispiel einer Weinwanderung wäre diese Dramaturgie zum Beispiel die Begrüßung in Form eines Sektempfanges, die Informationsweitergabe bei der Wanderung einzuplanen und an einem bestimmten Aussichtspunkt im Weinberg den Höhepunkt mit einer Weinverkostung anzubieten. Teil der Dramaturgie ist auch vorab festzulegen, welche Informationen an die Besucher weitergegeben werden sollen.

Sinne ansprechen

Je stärker bei der Inszenierung eines Erlebnisses unterschiedliche Sinne angesprochen werden, umso höher ist der Erinnerungsfaktor an die besuchte Veranstaltung. Je intensiver die Ansprache der Sinne erfolgt, umso eindrucksvoller ist ein Erlebnis.

Wein und weinbezogene Veranstaltungen sind prädestiniert für ein Erlebnis der Sinne: Schmecken, riechen, das Erkennen der Herkunft: Wein und Weintourismus bieten zahlreiche Möglichkeiten, alle fünf Sinne in Erlebnisse anzusprechen.

Besucher aktiv in die Angebotsgestaltung einbeziehen

Besonders in einem dynamischen Markt ist die Einbindung der Kundensicht maßgeblich relevant, um Wünsche und Kundenbedürfnisse an das Produkt oder die Dienstleistung zu erfüllen. Beim Ansatz der Ressourcenorientierung ist der Blickwinkel des Kunden immer wichtig zur Weiterentwicklung des Leistungsangebotes mit dem Ziel des andauernden unternehmerischen Erfolgs.

Mitarbeiter schulen

Mitarbeiter sind im Tourismus maßgeblich wichtig und beeinflussen die Qualität der touristischen Dienstleistungen unmittelbar. Der Mitarbeiterschulung und -planung kommen hierbei besondere Bedeutung zu, durch die unternehmerische Wettbewerbsvorteile entstehen können, wenn Mitarbeiter auf einem spezifischen Sektor des Unternehmens ausgebildet oder geschult werden und effizient eingesetzt werden. Gerade in Stoßzeiten zeigen sich hier große Unterschiede in Bezug auf die Effizienz: So ist z. B. die Nachfrage nach Outdoorangeboten von der Vegetationszeit der Reben abhängig und der Herbst fällt mit der Arbeitsspitze der Traubenlese und Vinifizierung zusammen. Angebote sind damit nicht ganzjährig umsetzbar und werden auch nicht nachgefragt. Auch Ferienzeiten, klimatische Rahmenbedingungen oder die Vorgabe rechtlicher Gegebenheiten können ebenfalls Arbeitsspitzen begründen.

Inszenierung prüfen und verbessern

Für eine langfristig erfolgreiche Erlebnisinszenierung ist die Qualitätsprüfung in Bezug auf die Marktfähigkeit und konstante Erfüllung der Veranstaltungsziele unerlässlich. Dazu gehört auch die Weiterentwicklung, um am Markt weiterhin attraktiv zu bleiben. Zur Identifizierung möglicher Fehlerquellen ist es ratsam, als Veranstalter regelmäßig die Perspektive als Besucher einzunehmen. Durch die Teilnehmerperspektive kann Verbesserungspotenzial an der Inszenierung selbst identifiziert, Kritik nachvollzogen oder aus eigener Erfahrung nachvollziehbarer begründet werden. Die Beteiligung von Betroffenen ist in jedem Fall ratsam – sei es bei Anwohnern oder anderen Unternehmen in der Destination, wenn diese beispielsweise durch touristische Aktivitäten eines Weinguts betroffen sind, oder auch Anwohner, wenn eine angespannte Parksituation oder eine Lärmkulisse Ärgernis sind. Durch eine regelmäßige, funktionierende Kommunikation wird die Akzeptanz innerhalb der Destination sichergestellt.

3.2 Erlebnisgastronomie

Die Schaffung und Aufrechterhaltung einer unverwechselbaren Atmosphäre und Generierung eines Erlebnisses gilt als Schlüsselfaktor für die Zufriedenheit der Gäste in der Gastronomie und hat daher direkte finanz- und marketingtechnische Auswirkungen auf Unternehmen (Han & Ryu, 2009; Heide & Grønhaug, 2009).

Unterschieden werden muss hierbei im Bereich der Erlebnisse und der Kulinarik in Bezug auf die Gastronomie kulinarischer Erlebnisse und Erlebnisgastronomie.

Erlebnisgastronomie

Unter dem Begriff der Erlebnisgastronomie werden gastronomische Konzepte subsummiert, die neben kulinarischen Erlebnissen einen Zusatznutzen in Form von Unterhaltung bieten. Dabei wird der Versuch unternommen, den kulinarischen Bestandteil aus dem Alltag herauszulösen und in Verbindung mit einem *Sinneserlebnis* zu inszenieren (Bartsch & Brandstätter, 2013). Erlebnisgastronomie nimmt dabei im Vergleich mit anderen Konsumausgaben auf dem Außer-Haus-Gastronomiemarkt einen Anteil von 7,2 Prozent ein (Bundesvereinigung der Deutschen Ernährungsindustrie, 2022). Im Bereich der Erlebnisgastronomie gilt es allerdings zu unterscheiden, ob die Gewichtung der Inszenierung im Bereich der Kulinarik oder des Unterhaltungselementes liegt.

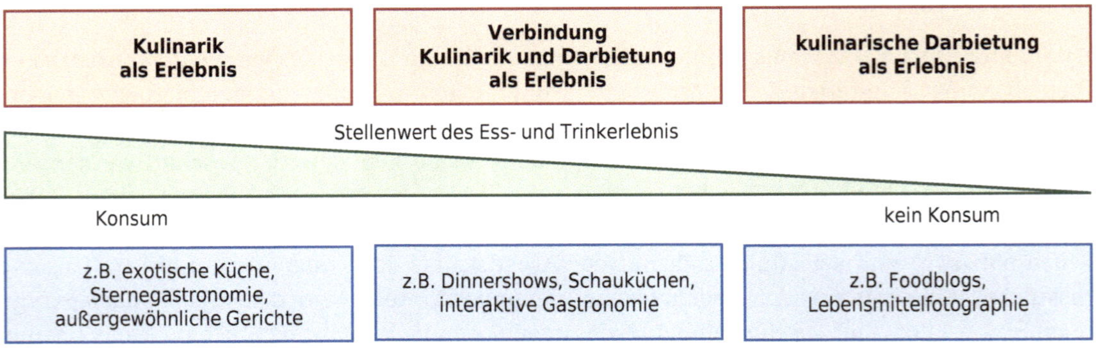

21 | Unterschiedliche Gewichtung des Ess- und Trinkerlebnisses in der Erlebnisgastronomie

Die Inszenierung kann dabei auf unterschiedliche Art und Weise erfolgen (Gruner et al., 2014):

- in Verbindung mit einem menübegleitendem Showprogramm
- in Form von Themenrestaurants (Musik, Ambiente, Architektur und Speisen sind aufeinander abgestimmt)
- Restaurants an ungewöhnlichen Standorten (z. B. Turmrestaurants (Skybar), Restaurants unter Wasser)
- Spezialitätenrestaurants (unbekannte Zutaten und Zubereitungsarten)
- *Live Cooking* (Gast kann bei der Zubereitung zusehen)
- interaktive Gastronomie (interaktive Teilnahme z. B. Krimi-Dinner oder Märchen-Dinner)
- Gourmetrestaurants (Restaurants, die z. B. mit Michelin-Sternen ausgezeichnet sind oder eine hochwertige Küche anbieten

Spezialitätenrestaurant bieten ihren Kunden ungewöhnliche oder für den Gast neuartige, teils ländertypische Spezialitäten an (Bredeck & Kastrup, 2020; Josten, 2020). Die verwendeten Zutaten oder Zubereitungsweisen sind häufig unbekannt und werden somit als exotisch eingestuft. Die räumliche Ausstattung der Lokale wird dabei oftmals an den Spezialitäten ausgerichtet. Beispiele sind hierfür indische Küche oder die Verwendung von Insekten. Ähnlich wie bei Spezialitätenrestaurants sind bei Themenrestaurants die geschaffene Atmosphäre, Innenarchitektur, Ausstattung und Speisen aneinander angepasst und unter einem bestimmten Thema subsumiert (Bredeck & Kastrup, 2020; Steinecke, 2011; Steinfort, 2019). Grundsätzlich können dabei vier Arten von Themen in einem Themenrestaurant unterschieden werden (Gruner et al., 2014):

- **ethnische Thematik**
  Inszenierung von regional- und landestypischen Elementen;
  Beispiel: Besenwirtschaften
- **Reliquien-Thematik**
  Inszenierung einer Populärkultur unter dem Thema Musik, Film oder Mode;
  Beispiel: *Hard Rock Café*
- **reflexive Thematik**
  Bekanntheitsgrad der Marke ist so hoch, dass es keine weitere Inszenierung externer Themen bedarf;
  Beispiel: *McDonald's*
- **parodische Thematik**
  Künstliche Nachbauten stereotypischer Landschaften und Settings als Rahmen der Inszenierung;
  Beispiel: Mittelalter-Restaurant

Insgesamt stellen Erlebnisse im Bereich der Kulinarik, der Erlebnisgastronomie oder des kulinarischen Tourismus kein neues Phänomen dar. Auf Reisen waren schon immer fremdartige Küchen, unbekannte Zutaten und ungewohnte Zubereitungs- oder Präsentationstechniken ein einprägsames Erlebnis (Möhring, 2017). Im späten 19. Jahrhundert wurde neben dem häuslichen Verzehr fremder Nahrungsmittel der Restaurantbesuch mit ausländischer Kost in europäischen Metropolen und US-Großstädten immer beliebter. Auf den Kolonial- und Weltausstellungen desselben Jahrhunderts wurden Lebensmittel nicht nur ausgestellt und beworben, sondern auch inszeniert und verkostet. Der Konsum des fremden Essens war Teil des Erlebnisses. So wurden fremde Welten inszeniert, Speiseräume z. B. orientalisch, indisch oder russisch eingerichtet. Kolonien wurden sinnlich wahrgenommen und konsumiert, es ging um Zeigen, Sehen, Fühlen, Ertasten und Schmecken – ein multisensorisches und synästhetisches Erlebnis. So waren exotische und bekannte Speisen 1897 auf der sächsisch-thüringischen Industrie- und Gewerbeausstellung nicht nur Ausstellungsware, sondern wurden als Teil des Programms und Spektakel inszeniert und verkostet (Möhring, 2017). Am 14. Juni 1971 öffnete das erste *Hard Rock Café* in London, in dem unter dem Thema Musik (Rock) amerikanische Speisen und Getränke präsentiert wurden (Steinecke, 2011). Durch Live-Konzerte und Memorabilien wie Kleidungsstücke, Instrumente usw. von berühmten Pop- und Rock-Musikern wurde ein passendes Ambiente geschaffen. 1982 eröffneten mehrere *Hard Rock Cafés* in den USA und starteten den weltweiten Boom von Themenrestaurants. Es folgten weitere Erlebnisgastronomiekonzepte wie *Planet Hollywood*, welche Kunden mit „Thema, Ambiente, Musik, Licht und Architektur" begeisterten (Gruner et al., 2014). Restaurants wurden nicht länger zum Zweck der Nahrungsaufnahme aufgesucht, sondern wegen des Erlebnisses.

3.3 Kulinarische Erlebnisse

Jeder gastronomische Betrieb muss Wege finden, um Kunden zu halten, neue anzuziehen und gleichzeitig wettbewerbsfähig und rentabel zu bleiben. Dies ist nicht nur bei bestehenden Betrieben ausschlaggebend, sondern auch ein Erfolgsfaktor bei der Konzeption von neuen gastronomischen Einrichtungen. Dabei suchen Gäste neben dem eigentlichen kulinarischen Kern einen Mehrwert in Form von geschaffener Atmosphäre und authentischer Dienstleistung (Canny, 2014).

> Kulinarik auf einer Reise kann durch unterschiedliche Gründe positiv behaftet sein: So können auf einer Reise *gewöhnliche* Aktivitäten wie der Konsum von Essen und Trinken dadurch als einmalig wahrgenommen werden, weil die Umgebung ungewohnt und neuartig erscheint.

Viele weitere Dimensionen prägen das kulinarische Erlebnis auf einer Reise:

- Gerichte aus lokalen Zutaten probieren; neuartige Zutaten, Rezepte und Zubereitungstechniken (Kim, 2014; Lin & Mao, 2015)
- Umfeld in Form von Musikeinsatz, Design, Architektur, Farbe und Geruch (Magnini & Thelen, 2008)
- Freundlichkeit und Hilfsbereitschaft von Personal und Mitreisenden (Kim, 2014)
- soziale Interaktionen zwischen Reisenden und Einheimischen; zwischen Reisenden und ihrer Reisegruppe (Chandralal & Valenzuela, 2015)

In erster Linie wird das kulinarische Erlebnis durch die konsumierten Speisen und Getränke dominant geprägt. Darüber hinaus beeinflussen unterschiedliche Rahmenbedingungen das gelungene kulinarische Erlebnis wie Gesellschaft, Ort, Service und die Zeitdimensionen (Andersson & Mossberg, 2004; Björk & Kauppinen-Räisänen, 2016). Binder et al. (2021) fassen das Konzept der *Culinary Experience* mit den unterschiedlichen materiellen und immateriellen Komponenten in einem Modell zusammen:

materielle Dimensionen	immaterielle Dimensionen
physische Umgebung	Servicequalität
Qualität der Speisen und Getränke	Atmosphäre

22 | Dimensionen der *Culinary Experience*

Dabei werden unter physischer Umgebung Komponenten wie Ästhetik der Einrichtung, Beleuchtung, Umgebung, räumliche Anordnung, Gestaltung der Tische und Farben sowie das äußere Erscheinungsbild des Servicepersonals subsummiert. Die Qualität der Speisen und Getränke zeichnet sich durch den Geschmack, Auswahl, die Produkttemperatur und die ansprechende Präsentation aus. Die immateriellen Dimensionen äußern sich durch die wahrgenommene Servicequalität mit professionellem Auftreten, Freundlichkeit, Wissen, Informationsweitergabe und dem Verhalten der Mitarbeiter gegenüber den Gästen. Dies steht ebenfalls für die soziale Interaktionsmöglichkeiten zwischen Gästen und Mitarbeitern. Die wahrgenommene Atmosphäre gilt dabei bei vielen wissenschaftlichen Untersuchungen als Schlüsselfaktor zur Gewinnung und Zufriedenheit von Kunden (Jang & Namkung, 2009; Zemke & Pullmann, 2008, Meyer & Hoffmann, 2002, Henschel et al., 2013)

Kulinarische Erlebnisse in Wiener Kaffeehäusern

Binder et al. (2021) greifen das Konzept des *Culinary Experience* auf und untersuchen die Vorlieben verschiedener Gästesegmente am Beispiel von traditionellen Wiener Kaffeehäusern. Dabei heben sie in der Studie hervor, dass die Bewertung eines Restaurantbesuchs stets unter Berücksichtigung der Zielgruppe von der persönlichen Motivation des Gastes geprägt ist. Prinzipiell gibt es große Unterschiede vor allem zwischen Touristen und Einheimischen, die bei der Bewertung eines kulinarischen Ergebnisses auf unterschiedliche Größen Wert legen.

Kaffeehäuser, vor allem die Art von Kaffeehäusern in Wien, sind weltweit bekannt und daher fester Bestandteil einer jeden Städtereise nach Wien (welt.de, 2017). Im Jahr 2011 wurde die *Wiener Kaffeehauskultur* von der UNESCO als nationales immaterielles Kulturerbe eingetragen und damit deren kulturelle und traditionelle Bedeutung bekräftigt:

> „Die Tradition der Wiener Kaffeehauskultur ist durch eine ganz spezielle Atmosphäre geprägt. Typisch für ein Wiener Kaffeehaus sind Marmortischchen, auf denen der Kaffee serviert wird, Thonetstühle, Logen, Zeitungstischchen und Details der Innenausstattung im Stil des Historismus. Die Kaffeehäuser sind ein Ort, in dem Zeit und Raum konsumiert werden, aber nur der Kaffee auf der Rechnung steht.“ (unesco.at, 2011)

Ein wesentlicher Punkt bei der Generierung der typischen *Wiener Kaffeehausatmosphäre* ist eine authentische Einrichtung. Dabei wird besonderer Wert auf die Anordnung der Einrichtungsgegenstände und der Möglichkeit zur Erzeugung von Privatsphäre gelegt. Gepaart wird dies mit der Servicequalität in Form einer Empfehlungskultur und Warenkenntnis über ein spezifisches Speisen- und Getränkeangebot von Wiener Kaffeehäusern im Sinne einer großen Auswahl an Wiener Mehlspeisen und Kaffeespezialitäten (Binder et al., 2021). Nach der *Wiener Gästebefragung 2018/2019* im Rahmen des *Tourismus Monitors Austria* gaben 50 Prozent der befragten Gäste an, dass Sie während des Aufenthaltes in Wien ein traditionelles Kaffeehaus besuchen werden (Wientourismus, 2020).

Beispiel | Wiener Kaffeehaus

Das *Café Central* wurde 1876 von *Wenzel Prückel* eröffnet. Im 19. Jahrhundert wurde das Kaffeehaus, zu einem der wichtigsten Treffpunkte geistigen Lebens in Wien. Zu den Stammgästen zählten unter anderem: *Sigmund Freud, Leo Trotzki, Alfred Polgar, Stefan Zweig, Peter Altenberg* und auch *Adolf Loos* (🔗 www.cafecentral.wien).

23 | Café Central, Wien

4 Kulinarische Reisen

Eine *Food Tour, Culinary Tour,* kulinarische Reise oder ein kulinarischer Ausflug ist eine geführte Tour, die den Besuchern die Geschichte und Traditionen eines Volkes durch seine Esskultur näherbringen soll. Die Tourismusindustrie hat erst spät begonnen, Kulinarik als zentrales Element des touristischen Produktes zu betrachten.

> Erstmals Anfang der 2000er-Jahre wurden in der Tourismusbranche Reiseprodukte angeboten, die Reisen zu bekannten Restaurants oder Verkostungen in bestimmten Regionen als Ziel hatten.

Aufbauend auf diese Angebote wurden später eigene kulinarische Reisen entwickelt. Darüber hinaus haben Reiseunterlagen und Reiseführer vermehrt Informationen über die Kulinarik einer Destination oder Region aufgegriffen (Long, 2012). Kulinarische Reisen werden heute in fast alle Regionen der Welt angeboten und ein Großteil der Reiseanbieter haben diese im Programm. Hintergrund von kulinarischen Reisen ist dabei, dass der Reisende das Reiseziel hauptsächlich durch die lokale gastronomische Kultur und Essgewohnheiten kennenlernt in Verbindung mit der lokalen Kultur und Tradition. Durch die Buchung einer kulinarischen Reise haben Touristen die Möglichkeit, einen vereinfachten Zugang zu lokalen kulinarischen Anbietern zu erlangen. So sind diese Unternehmen häufig den Einheimischen bekannt – durch soziale Medien, in Reiseführern und Reiseblogs erwähnt. Diese Anbieter in der Destination zu finden oder einen Besuch zu organisieren, ist für die Reisenden jedoch oft ungleich schwerer, da sie mit Reisezielen nicht vertraut sind. Der Inhalt von kulinarischen Reisen kann je nach Ausrichtung dabei eine Vielzahl von Aktivitäten und Kombinationen mit anderen kulturellen Aktivitäten enthalten. Im Bereich der Kulinarik kann dies der Konsum lokaler Speisen, Produkten und Getränken sein, die Teilnahme an gastronomischen Festen und Festivals, Kochkursen, *Street Food*, Besuche von Bauernhöfen und Weingütern, Restaurants und lokalen Märkten.

Kulinarische Reise- oder Ausflugstätigkeit können einerseits im Zeitrahmen und der jeweiligen kulinarischen Angebotsform unterschieden werden. Für den zeitlichen Aspekt stehen hier:

- **kulinarische Tagesausflüge**
  Dies sind meist Tagesbesuche in Form von organisierten Führungen wie kulinarische Stadtführungen, Besuch eines einzelnen kulinarischen Anbieters (z. B. der Besuch eines Gourmetrestaurants) oder der Besuch eines Produzenten (z. B. eine Weingutsbesichtigung).

- **kulinarische Kurzurlaube**
  Reisen zwischen einer und maximale drei Übernachtungen – hierzu gehören Wochenendreisen, bei denen mehrere kulinarische Anbieter besucht werden (z. B. kulinarische Städtereisen, Besuch einer Weinbauregion)

- **kulinarische Urlaubsreisen**
  Reisen ab einem Mindestaufenthalt von vier Übernachtungen – hierzu gehören kulinarische Rundreisen (z. B. durch Reiseveranstalter organisierte Reisen, Rundreisen auf Routen wie Weinstraßen)

Wissen | Street Food

Street Food sind Gerichte, die von Verkäufern auf Straßen und öffentlichen Plätzen zum sofortigen oder späteren Verzehr verkauft werden. Sozioökonomisch bildet *Street Food* einen wichtigen Bestandteil des informellen Lebensmittelverteilungssektors, indem sie Kleinbauern als Absatzmarkt für ländliche Produkte wirtschaftliche Unterstützung bieten, Einkommen und Beschäftigung für eine große Anzahl von Menschen bieten. Zudem bietet *Street Food* vielen Menschen mit begrenzten Mitteln eine kostengünstige Möglichkeit, außer Haus eine ernährungsphysiologisch ausgewogene Mahlzeit zu sich zu nehmen (Anelich, 2014).

24 | Street Food in Tokyo

Der Markt von kulinarischen Reisen wurde in den letzten zehn Jahren zunehmend in den Blick der Reiseveranstalter gerückt. So sind kulinarische Reisen im Programm von Pauschalreiseanbietern oder Spezialreiseanbietern zu finden:

- **kulinarischer Städtetourismus**
  Eine kulinarische Stadtführung ist ein touristisches Produkt, bei dem die Teilnehmer ausgewählte gastronomische Spezialitäten einer Destination probieren, gepaart mit kulinarischen, historischen und kulturellen Informationen.
- **kulinarische Produktthemenreisen**
  Bei der Reise steht ein Rohstoff, Produkt oder Genussmittel im Mittelpunkt. Aufbauend auf diesem Produktthema werden die einzelnen Bestandteile der Reise danach ausgerichtet. Beim dem Produkt Wein kann diese zum Beispiel in Form von Weinproben, Weinhotels,

Winzergastronomie, Weinführungen oder Weinevents in die Themenreise einfließen. Beim Produktthema „Olive" steht diese auf Kreta in Kombination mit der mediterranen Küche im Fokus. Hierbei ist die Kultivierung des Olivenbaums, die Ernte und Verarbeitung sowie die Verarbeitung in der Küche der informatorische Mehrwert. Zu kulinarischen Produktthemenreisen gehören auch Themenrouten wie Wein-, Bier- oder Spargelrouten. Themenrouten entstehen durch Netzwerke von Anbietern zur Bildung einer touristischen Route. Die kulinarischen Routen sind dabei auf Dauer angelegt mit dem Ziel, die touristische Streckenführung zu vermarkten.

- **kulinarische Region- oder Länderreisen**
  Hierbei handelt es sich um eine Reise in eine Region, ein Land oder einen Kontinent, um die Kulinarik der jeweiligen Destination kennenzulernen. Diese Art der Reisen wird meist mit historischen und kulturellen Angeboten oder Wellnessangeboten kombiniert. Hierzu zählen auch kulinarische Kreuzfahrten.

Beispiel | Region- oder Länderreise

Beispielhaft im Folgenden angeführt eine kulinarische Region- oder Länderreise auf die Äolischen Inseln des Kulinarik-Reiseveranstalter *SAPIO,* Teil der *Ventura Travel GmbH* (🔗 www.sapio.de):

1. Tag · Ankunft auf Salin, Abendessen im Hotelrestaurant mit inseltypischen Speisen

2. Tag · Schifffahrt um die äolischen Inseln mit einem lokalen Fischer und Mittagessen an Bord, Kochkurs und Zubereitung typischer äolische Gerichte

3. Tag · Besuch eines lokalen Weingutes und Abendessen mit traditionellen Insel-Spezialitäten

4. Tag · Besuch eines Kapernproduzenten und Bootsausflug

5. Tag · zur freien Verfügung und Möglichkeit Wellness oder Wandern

6. Tag · Besuch einer lokalen Gastronomie und einem Back-Kurs mit lokalen Süßspeisen

7. Tag · Besuch eines Kapern- und Weinbauern

8. Tag · Abreise

4.1 Kulinarischer Städtetourismus

Städtetourismus zählt zu den äußerst dynamisch wachsenden Segmenten im Tourismus und ist ein Wachstumsmotor der touristischen Nachfrage in Deutschland (Kagermeier, 2008). Da es sich hierbei vorrangig um Kurzreiseziele handelt (Rogerson & Rogerson, 2017), steht bei privat motivierten Reisen weniger der Wunsch nach Erholung im Vordergrund, sondern eher, in der jeweiligen Stadt Kultur, Sehenswürdigkeiten und Veranstaltungen zu besuchen. Städtetouristen verfolgen das Ziel, Kultur- und Freizeitangebote der Stadt zu nutzen und kulturtouristische Sehenswürdigkeiten zu entdecken (Eisenstein et al., 2020). Städtetourismus ist daher geprägt durch eine unterschiedliche Motivationslage und Interessen der Besucher (Raab, 2012). Bei einer Umfrage zu Aktivitäten bei Urlaubsreisen mit mindestens einer Übernachtung und Haupturlaubsreiseart „Städtereise" im Jahr

2018, wurden bei Mehrfachnennungen folgende fünf kulturbezogenen Aktivitäten herausgestellt (in Eisenstein et al., 2020):

- 91 Prozent: Besuch von kulturellen und historischen Sehenswürdigkeiten
- 44 Prozent: Typische Speisen und Getränke genießen
- 32 Prozent: Besuch von Museen und Ausstellungen
- 25 Prozent: Besuch von Events und Veranstaltungen (z. B. Konzerte, Sportevents)
- 12 Prozent: Besuch von Erlebniseinrichtungen (z. B. Freizeitparks)

Die Umfrage zeigt, dass Kulinarik als Segment der Kulturangebote einer Stadt zu einem Treiber im Städtetourismus gezählt werden kann.

> In Deutschland sind dabei die beliebtesten Städte nach Gästeankunft für Städtetourismus: Berlin, München, Hamburg, Frankfurt und Köln (Deutscher Reiseverband, 2022).

Aber nicht nur die priorisierten Destinationen profitieren von Städtetourismus. Generell Großstädte über 100.000 Einwohner partizipieren von einer Zunahme des Städtetourismus. So konnten diese Kommunen zwischen 2009 und 2019 ein Wachstum von Übernachtungen von 67 Prozent erzielen und verzeichneten damit im Jahr 2019 über 158,4 Mio. Übernachtungen (Reif, 2022).

Kulinarik im Städtetourismus ist damit ein wichtiger Faktor, um die kulinarische Identität und Kultur einer Stadt kennenzulernen und damit auch das Bild und die Erinnerung der Touristen zu prägen. Daneben bietet der kulinarische Städtetourismus einen Einnahmefaktor für die Anbieter von kulinarischen Elementen und fördert die lokale Wirtschaft. Kulinarische Stadtführungen werden daher auch weltweit organisiert und vermarktet – sei es in der Form, dass die Städteführungen reine Entdeckung der kulinarischen Angebote der jeweiligen Destination sind, kulinarische Angebote kombiniert mit Führungen zu lokalen kulturellen und historischen Sehenswürdigkeiten oder Kulinarik in Kombination mit Veranstaltungen oder Ausstellungen. Einer der größten deutsche Anbieter von organisierten kulinarischen Stadtführungen ist das 2008 in Berlin gegründete Stadtführungsunternehmen *Eat the World*. Das Unternehmen bietet in mehr als 50 deutschen Städten kulinarische Stadtführungen an. Hierbei werden in meist dreistündigen Touren Kostproben von Partnerbetrieben probiert gepaart mit kulinarischen, kulturellen und historischen Informationen (🔗 www.eat-the-world.com). Weltweit werden in Städten kulinarische Führungen angeboten. Dabei sollen kleineren Gruppen durch einen Tourguide die *echte* kulinarische Seite einer Stadt gezeigt werden. Dabei handelt es sich meist um themenbezogene Führungen durch Restaurants, Cafés, Imbissbuden und Kneipen, die von Einheimischen besucht werden und die Touristen normalerweise nicht auf eigene Faust finden würden. Einer der weltweit agierenden Anbieter von kulinarischen Stadtführungen ist *Secret Food Tours*. Es handelt sich dabei um ein globales Food-Tours-Unternehmen mit Touren in mehr als 60 Städten weltweit (🔗 www.secretfoodtours.com). Kulinarische Stadtführungen werden meist zu Fuß durchgeführt. Hintergrund ist die Verknüpfung der natürlichen Umgebung und Sehenswürdigkeiten, um dadurch ein visuelles Gefühl der Umgebung und Kultur der Destination zu erlangen (Urry, 1990).

Beispiel | New York City – Lower East Side Food Tastings und Kultur-Tour

- Entdecke die besten Restaurants in der Lower East Side, Chinatown und Little Italy
- Erfahre mehr über die Bedeutung der Einwanderung für New York City und seine Einwohner
- Erlebe den Geschmack der Region mit 4 klassischen Gerichten auf 4 Stationen in Manhattan
- Besuche 100 Jahre alte Bäckereien, Kirchen, historische Orte in New York und vieles mehr
- Dauer 3 Stunden

www.urbanadventures.com

In Rahmen einer Google-Recherche von Feineis und Peters (2015), bei der 480 kulinarische Stadtführungen in Deutschland analysiert wurden, konnten folgende charakteristische Typen für kulinarische Stadtführungen herausgestellt werden:

- **Thementouren**
  dabei sind die Führung und die Verkostung einem kulinarischen Thema zugeordnet (z. B. Wein, Bier, Schokolade)
- **Verkostung als Menü**
  dabei werden in einem oder mehreren gastronomischen Einrichtungen teile des Menüs gereicht. Die Ausrichtung ist dabei auf Speisen/Kostproben gelegt
- **Städtetour mit Kostproben**
  Stadtführung oder Stadtteilführung, bei der meist regionale oder traditionelle Kostproben gereicht werden
- **Gourmettour**
  gehobene Gourmet- oder Sterneküche mit Informationen in passendem Ambiente
- **Cross-over-Tour**
  klassischen Stadtführungselemente mit Menüs oder Kostproben in verschiedenen gastronomischen Einrichtungen. Art und Zusammensetzung des kulinarischen Angebots lässt dabei auf die kulturelle Entwicklung einer Stadt schließen

Beispiel | Currywurst

Curry61 am Hackeschen Markt in Berlin. Die Currywurst wurde, der Legende nach, 1949 in Berlin zum ersten Mal angeboten und so für viele Touristen ein Teil der kulinarischen Identität von Berlin.

25 | Curry61 am Hackeschen Markt

Weihnachtsmärkte als Teil des kulinarischen Städtetourismus

Weihnachtsmärkte sind in der Wahrnehmung der Deutschen ein fest verankerter Bestandteil der Vorweihnachtszeit. Lichter und weihnachtliche Gerüche nach Glühwein, kulinarischen Spezialitäten, Plätzchen, Lebkuchen und gebrannten Mandeln ziehen Einheimische und Touristen in die jeweiligen Innenstädte. Weihnachtsmärkte sind so ein fester Bestandteil und oftmals ein Hauptreisegrund im Städtetourismus (Wölfle & Schnorbus, 2019) – sei es als Tagesbesucher oder Übernachtungstourist in der jeweiligen Stadt. Daher bieten große Reiseunternehmen unterschiedlichste Reisepakete an, um im Rahmen des Städtetourismus die jeweiligen Weihnachtsmärkte zu besuchen. Das Thema Kulinarik liegt dabei nach einer Umfrage aus dem Jahr 2016 weit vorne: Bei den Antworten auf die Frage „Was darf Ihrer Meinung nach beim Weihnachtsmarktbesuch von Ihnen nicht fehlen?" ist der Konsum von Glühwein Spitzenreiter, gefolgt von gebrannten Mandeln, Punsch und heißen Maronen (YouGov, 2016). Obgleich die meisten deutschen Weihnachtsmärkte erst in den 1979er- und 1980er-Jahren begründet wurden, reicht die Weihnachtsmarkttradition bis ins Mittelalter im deutschsprachigen Raum zurück (Jürgens, 2014). Zu den ältesten und bekanntesten Weihnachtsmärkten zählen der *Dresdner Striezelmarkt* (seit 1434), der *Weihnachtsmarkt in Straßburg* (seit 1570) und der *Nürnberger Christkindlmarkt* (seit 1628) (Spennemann & Parker, 2021). Sie sind Besuchermagnete für inländische und ausländische Touristen. Heute finden in ganz Europa Weihnachtsmärkte statt.

> 2014 dominierte Deutschland die Branche mit 2.234 Weihnachtsmärkten, gefolgt von Frankreich mit 273 Weihnachtsmärkten. Nach dem Deutschen Schaustellerbund e. V. (2009) sind Weihnachtsmärkte in Deutschland ein wichtiger Kultur- und Wirtschaftsfaktor.

Castéran & Roederer (2013) definieren daher bei der Durchführung von Weihnachtsmärkten als Ziel von Destinationen, in der Nebensaison eine touristische Nachfrage zu schaffen oder nach Brida et al. (2013) in den Winterdestinationen in den Abendstunden eine Attraktion zu bieten.

> Dabei werden nach Schätzungen des Bundesverbands der Deutschen Schausteller auf deutschen Weihnachtsmärkten zwischen drei und fünf Milliarden Euro Umsatz erwirtschaftet, sie ziehen mehr als 160 Millionen Besucher aus dem In- und Ausland an. Die durchschnittlichen Ausgaben liegen dabei im Schnitt bei 30 Euro pro Besucher (WirtschaftsWoche, 2022).

Untersuchungen haben gezeigt, dass Städtetouristen Weihnachtsmärkte besuchen, um sich zu entspannen, die Weihnachtsatmosphäre zu genießen und lokale Produkte zu probieren (Brida et al., 2012). Weihnachtsmärkte haben dadurch auch immer eine erlebnisorientierte Dimension, die das Image und die Marke einer Stadt erheblich steigern. Die Herausforderung dabei ist, diese Erlebnisdimension eines Weihnachtsmarktes greifbar zu machen, da dies immer eine Mischung aus visuellen, auditiven und olfaktorischen Komponenten ist.

Im Rahmen der Recherchen zu diesem Buch wurde im Dezember 2022 eine empirische Onlineerhebung durchgeführt. Im Fokus stand die Frage, welche Bedürfnisse und Motivationen Besucher eines Weihnachtsmarktes haben. Grundlage für den Fragebogen bildete das Erlebnis-Setting von Müller und Scheurer (2004) mit seinen sieben Inszenierungsinstrumenten.

Wissen | Inszenierungsinstrumente

Die Wahrnehmung einer Veranstaltung kann durch die Art der Angebotsgestaltung beeinflusst werden. Als Grundlage für die Gestaltung listet Müller und Scheurer (2004) verschiedene Inszenierungsinstrumente auf:

- das Thema als Leitinstrument dient der Markenbildung
- im Inszenierungskonzept wird die Umsetzung geplant und die verschiedenen Instrumente koordiniert
- durch Attraktionen und Aktivitäten werden Ereignisse geschaffen, somit können Erlebnisse entstehen
- in der Szenerie werden die ästhetischen Bedürfnisse der Kunden befriedigt
- bei der Besucherlenkung geht es darum, die Gästeströme zu lenken und durch Attraktionen, Aktivitäten und Ruhezonen den Ablauf zu gestalten
- im Wohlfühlmanagement werden die physiologischen Bedürfnisse der Kunden befriedigt und die Sicherheit gewährleistet
- da das Erlebnis immer subjektiv und von den Gästen abhängig ist, müssen die Interessen, Bedürfnisse und Erwartungen der Kunden berücksichtigt werden

Der Fragebogen wurde während des Erhebungszeitraumes von 988 Teilnehmer begonnen. 86 Befragungen wurden nicht berücksichtigt, da es sich um Abbrecher handelte oder die Antworten lückenhaft waren. 902 Teilnehmer nahmen verwertbar an der Befragung teil. Es handelte sich hierbei um 42,2 Prozent Männer und 57,8 Prozent Frauen. Bei der Altersaufteilung war die

Generation mit dem Geburtsjahr 1950 bis 1964 mit einer Beteiligung von 3,5 Prozent stark unterrepräsentiert, dies lag sicher an der Art der Datenerhebung und der Verbreitung des Befragungslinks über Soziale Medien. Andere Generationen waren stark ausgewogen an der Befragung beteiligt: 1965 bis 1979 mit 25,5 Prozent, 1980 bis 1994 mit 37,3 Prozent und 1995 bis 2010 mit 33,7 Prozent.

Oftmals stellt die Verkehrssituation in der Vorweihnachtszeit in Städten für die jeweilige Kommune eine Herausforderung dar. Die Ergebnisse zeigen, dass auf die Frage „Wenn Sie einen Weihnachtsmarkt in einer fremden Stadt besuchen, welches Verkehrsmittel benutzen Sie bevorzugt?" 42,1 Prozent der Befragten mit dem öffentlicher Personennahverkehr, 37,6 Prozent mit dem Auto und 20,3 Prozent mit einem Busreiseunternehmen anreisen würden.

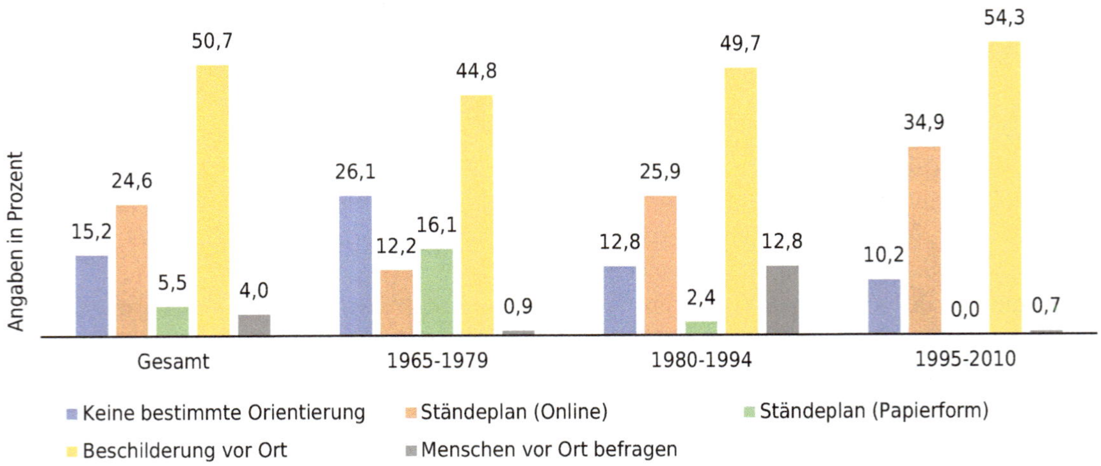

26 | Bevorzugte Orientierung auf dem Weihnachtsmarkt (n = 902)

Die Besucherlenkung in touristischen Destinationen ist nicht erst seit der Coronapandemie ein viel diskutiertes Thema. Es geht dabei um die Nutzung und Übernutzung von urbanen wie auch ländlichen Räumen. Damit sich die Besucher bereits vor ihrem Aufenthalt in der jeweiligen Destination über Aktivitäten und Attraktionen und deren voraussichtliche Auslastung informieren können, kommen vermehrt digitale Lösungen ins Spiel (Wölfle & Ens, 2023). Auch auf dem Weihnachtsmarkt, der meist je nach Wochentag und Tageszeit gut besucht sein kann und eine gewisse Unübersichtlichkeit vorherrscht, bedarf es einer Besucherorientierung und Besucherlenkung. In der Erhebung wurde gefragt, „Wie orientieren Sie sich vorzugsweise auf einem Weihnachtsmarkt?" 50,7 Prozent der Besucher orientiert sich klassisch mit Hilfe der Beschilderungen vor Ort. Bei digitalen Lösungen in Form von Onlinestandplänen zeigt sich ein deutlicher Generationenunterschied dahingehend, dass jüngere Generationen diese stärker präferieren, wenngleich die Beschilderung vor Ort ein elementarer Bestandteil bleibt.

Bei den Gründen, warum Menschen einen Weihnachtsmarkt besuchen, steht die Kulinarik an vorderster Stelle. So antworteten nahezu alle Altersgruppen auf die Frage, was die drei wichtigsten Gründe für einen Weihnachtsmarktbesuch sind, mit dem Konsums von Glühwein oder Punsch (67,1 Prozent), 66,1 Prozent sehen als wichtigsten Grund den Konsum von Speisen. Die Befragung zeigt auch, dass der Weihnachtsmarkt ein Ort der Zusammenkunft ist, da 53,1 Prozent angaben Freunde, Familie oder Bekannte treffen zu wollen, 45,7 Prozent der Befragten geben an, in Weihnachtsstimmung kommen zu wollen. In Bezug auf Attraktionen und Aktivitäten zeigen die Befragten sehr klassische Antworten. Auf die Frage, was außer Essen und Getränken für sie

27 | Standplan des Berner Weihnachtsmarkts 2022

die drei wichtigsten Angebote auf einem Weihnachtsmarkt sind, antworteten 85,4 Prozent, sie erwarten eine weihnachtliche Szenerie in Form von Lichterketten und Dekoration. 75,1 Prozent rechnen mit einer gewissen Diversifikation des Angebotes durch unterschiedliche Stände und 61,9 Prozent erwarten einen geschmückten Weihnachtsbaum.

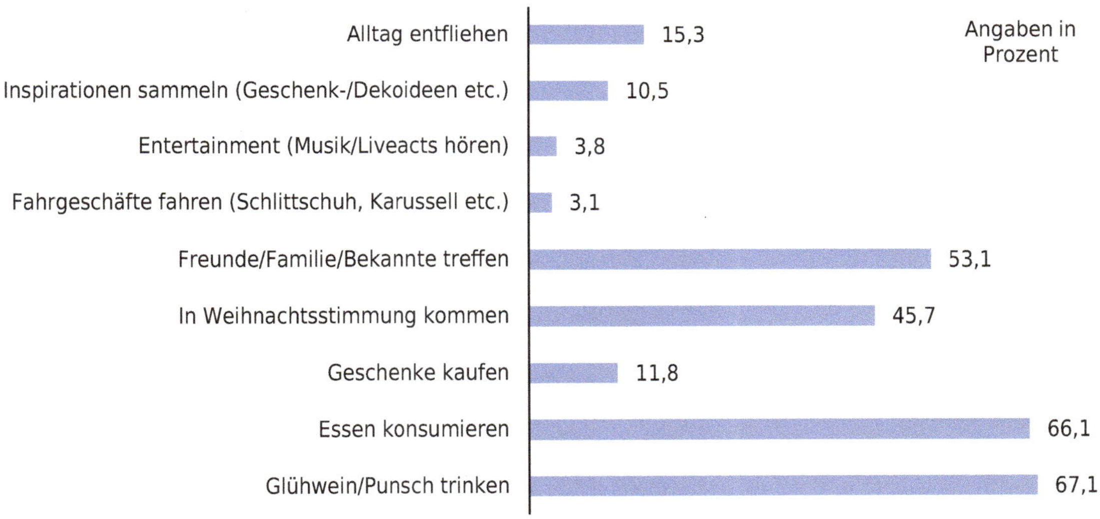

28 | Motivation, um einen Weihnachtsmarkt zu besuchen (n = 902)

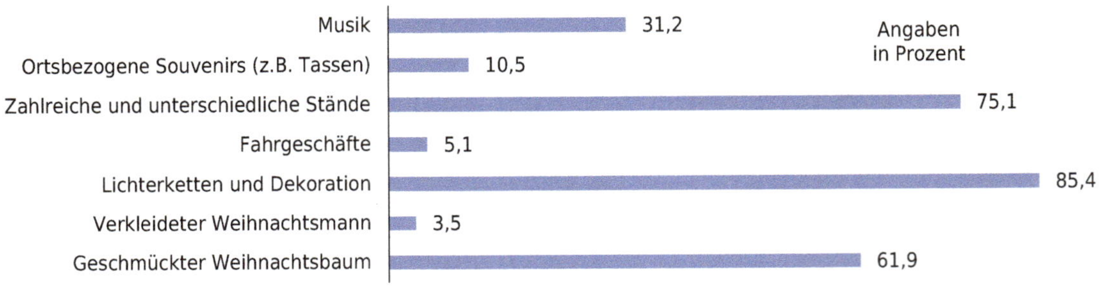

29 | Erwartungen außer Essen und Getränken von einem Weihnachtsmarkt (n = 902)

Neben dem kulinarischen Erlebnis auf dem Weihnachtsmarkt wird der Besuch durch verschiedene Größen geprägt, die das Wohlbefinden beeinflussen. Bei der Frage „Was erwarten Sie von der Infrastruktur auf einem Weihnachtsmarkt", konnten die Befragten die für sie zwei wichtigsten Punkte angeben. Es zeigt sich, dass im Rahmen des Wohlfühlmanagement die beiden Punkte „Sauberkeit" mit 75,8 Prozent und „gute Beschilderung" mit 44,3 Prozent die mit Abstand wichtigsten Einflussfaktoren darstellen. Auch die Serviceorientierung der Mitarbeiter mit 31,3 Prozent und ein einheitliches Pfandsystem mit 22,4 Prozent zeigen, dass Kundenfreundlichkeit ein ausschlaggebender Faktor ist.

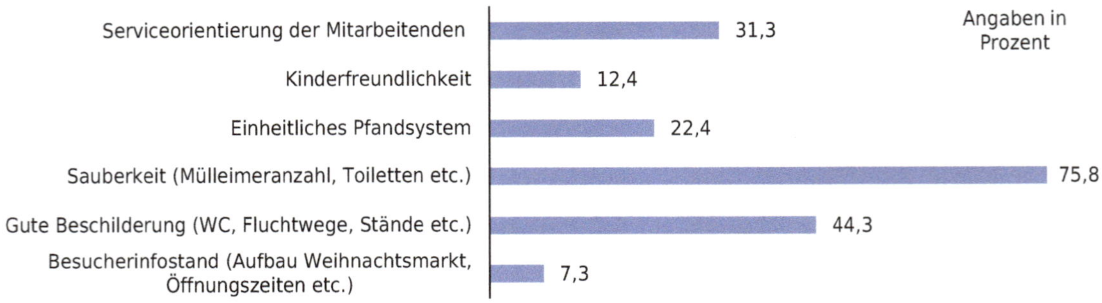

30 | Erwartungen im Rahmen des Wohlfühlmanagement auf einem Weihnachtsmarkt (n = 902)

Bei der Frage nach den wichtigsten Ständen auf einem Weihnachtsmarkt, ist wiederum großes Augenmerk auf der Kulinarik als wichtigster Bestandteil. Auf einer Skala von 0 = „unwichtig" bis 5 = „sehr wichtig" wurden Essensstände im Mittel mit 4,6 und Getränkestände mit 4,5 bewertet. Aber auch Stände, die weihnachtliche Dekoration anbieten, sind mit 3,6 hoch bewertet.

Insgesamt zeigt die Befragung, dass Kulinarik einer der wichtigsten Komponenten auf einem Weihnachtsmarkt ist. Daneben sind Besucherlenkung und die Schaffung von weihnachtlicher Atmosphäre die wichtigsten Bestandteile, um Touristen und Einheimische für einen Weihnachtsmarkt zu begeistern.

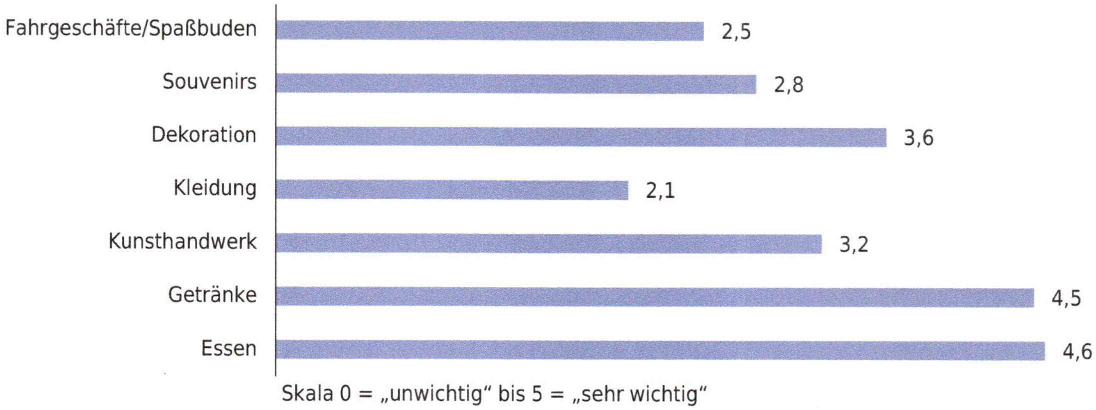

31 | Priorisierung von Ständen auf einem Weihnachtsmarkt (n = 902)

4.2 Kulinarische Produktthemenreisen

Bei kulinarischen Produktthemenreisen stehen einzelne Produkte, Lebens- oder Genussmittel im Mittelpunkt der Reise. Die einzelnen Aktivitäten der Reise werden dabei rund um diesen Kern ausgerichtet und häufig mit weiteren touristischen Bestandteilen wie Wellness oder Kultur kombiniert. Hierbei steht meist die landwirtschaftliche Urproduktion mit den jeweils verarbeiteten Lebensmitteln im Mittelpunkt. Diese werden mit touristischen Komponenten zu einem eigenen touristischen Angebot kombiniert und tragen so zu einer Entwicklung lokaler Aktivitäten, traditioneller Lebensmittel und des Tourismus bei. Produzenten profitieren dabei in Form von Absatzmöglichkeiten und zusätzlicher Einnahmegenerierung. Lokale gastronomische Einrichtungen werden durch die Verarbeitung der Produkte Teil des Angebots. Destinationen erhalten dadurch die Möglichkeit, neue Zielgruppen zu generieren. Als Zielgruppe kann dabei von einem *kulinarischen Touristen im engeren Sinne* gesprochen werden, da Hauptmotive des Besuchs Elemente der Kulinarik sind.

Die kulinarischen Themen, die im Fokus der Vermarktung stehen, unterscheiden sich dabei nach der jeweiligen Destination und werden durch die landwirtschaftliche Produktion und die jeweilige Kultur geprägt. Kulinarische Produktthemenreisen haben sich in den vergangenen Jahren im Portfolio von vielen Reiseveranstaltern etabliert. Nach Lohmann und Mundt (2013) stehen Themenreisen in der Tradition der Studienreisen und vermitteln Hintergrundinformationen zur Geschichte, Kunst und Kultur der jeweiligen Destination. Kulinarische Produktthemenreisen werden dabei mit unterschiedlichen kulinarischen Schwerpunkten angeboten. Sie kombinieren die Produktion und Verarbeitung mit kulinarischem Genuss. Diese Produktthemenreisen, die im Bereich des *Special Interest Tourism* zu verorten sind, werden als Pauschal- oder Bausteinreise angeboten. Häufig werden die Themenschwerpunkte mit Wellness- und Kulturangeboten kombiniert. Neben Themenreisen z. B. zu Schokolade, Bier, Gewürze, Kaffee oder Tee zählen Weinreisen sicherlich zu den am häufigsten angebotenen und nachgefragten kulinarischen Produktthemenreisen.

Eine Nische im Bereich der kulinarischen Produktthemenreisen stellen hingegen Reisen mit dem Schwerpunkt Kaffee dar. Dieses Nischendasein hat unterschiedliche Gründe: Ein Grund liegt darin, dass neue Geschäftsfelder mit einem gewissen Risiko verbunden und aufgrund von begrenztem Einkommen und Wissen für viele Produzenten und Kaffeebauern nicht zu realisieren sind (Loconto & Simbua, 2012). Durch Schulungen und Kooperationsprojekte zwischen lokalen Bauernkooperativen, Nichtregierungsorganisationen und Kaffeeröstern werden Landwirte für die Entwicklung neuer Geschäftszweige qualifiziert und befähigt (Civera, 2018). Ein anderer Grund liegt darin, dass in den meisten Kaffeeanbaugebieten die entsprechende touristische Infrastruktur fehlt, um touristische Angebote unterbreiten zu können (Gauci et al., 2002). Dabei sind diese Angebote wichtig, um besonders der jüngeren Generation der hiesigen Landwirte die Möglichkeit zu bieten, ihren Lebensunterhalt zu verdienen und die kleinstrukturierten landwirtschaftlichen Betriebe zu erhalten (Civera, 2018). Der Kaffeetourismus kann die wirtschaftliche, soziale und ökologische Produktion fördern und dabei die Touristen für die Belange vor Ort sensibilisieren (Candelo et al., 2019). Arten des Kaffeetourismus hat Jolliffe (2010) identifiziert und kategorisierte diese in drei Hauptmotive des Kaffeetourismus:

- Besuche von Kaffee produzierenden Reisezielen
- Besuche von Orten mit Kaffeegeschichte
- Erfahrungen mit Orten der Kaffeekultur

Im Gegensatz dazu ist bei Weinreisen aufgrund der Professionalisierung der Anbieter im Weinsektor das Angebot global sehr umfangreich. Reiseveranstalter bieten Pauschalangebote in unterschiedlichen Variationen an. Fast jede Weinregion der Welt kann mittlerweile bereist werden. Der Weintourismus in den jeweiligen Anbaugebieten hat ökonomische Bedeutung. Es zeigt sich allerdings auch, dass die Nachfrager dieser Weinreisen oftmals durch gesteigerte Reiseerfahrung eine gewisse Erwartungshaltung entwickelt haben: Exzellente Produktqualität und professionelle Dienstleistungen gepaart mit authentischen Attraktionspunkten verkörpern diese Erwartungen und schlagen sich in gestiegenen Ansprüchen in Bezug auf Übernachtung, Service und authentische Gastronomie, kommunikative Wissensvermittlung und Weiterbildung im Bereich Wein nieder – kurzum: „interessant" gestaltete Angebote, die einen Mehrwert bieten (Rüdiger et al., 2015).

Diese Erwartungshaltung von Weintouristen kann in den Erlebnissphären von Pine und Gilmore (1999) dargestellt werden. Mit den vier Erlebnissphären wird ein Weg zur Kundenansprache und Entwicklung erlebnisorientierter Angebote aufgezeigt. In diesem Konzept werden mit Achsen zwei Dimensionen unterschieden, die gekennzeichnet sind durch die aktive oder passive Teilnahme sowie die Aufnahme oder das Eintauchen.

Erlebnisse, die alle vier Sphären umfassen, sind für die Kundenzufriedenheit am wirkungsvollsten:

- **Unterhaltung**
  Ist durch eine passiv aufnehmende Haltung geprägt
- **Bildung**
  Wird im Gegenzug zur Unterhaltung durch aktive aufnehmende Teilnahme gekennzeichnet
- **Flucht**
  Der Gast taucht sehr stark in das Geschehen ein und beteiligt sich aktiv
- **Ästhetik**
  Der Gast nimmt das Erlebnis passiv auf und nimmt keinen Einfluss darauf.

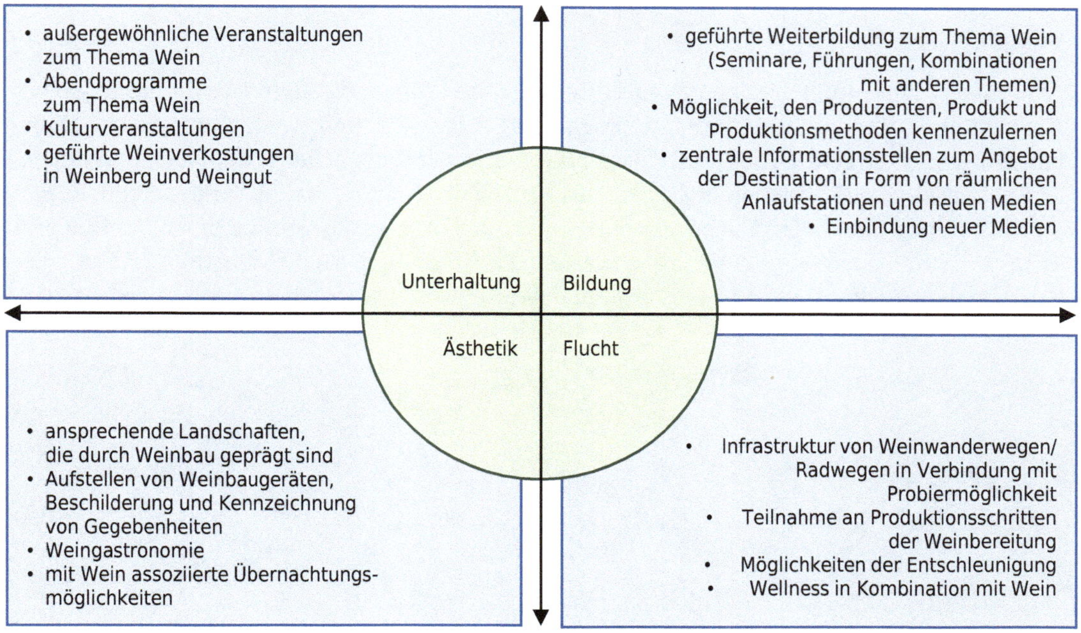

32 | Erwartungshaltung von Weintouristen

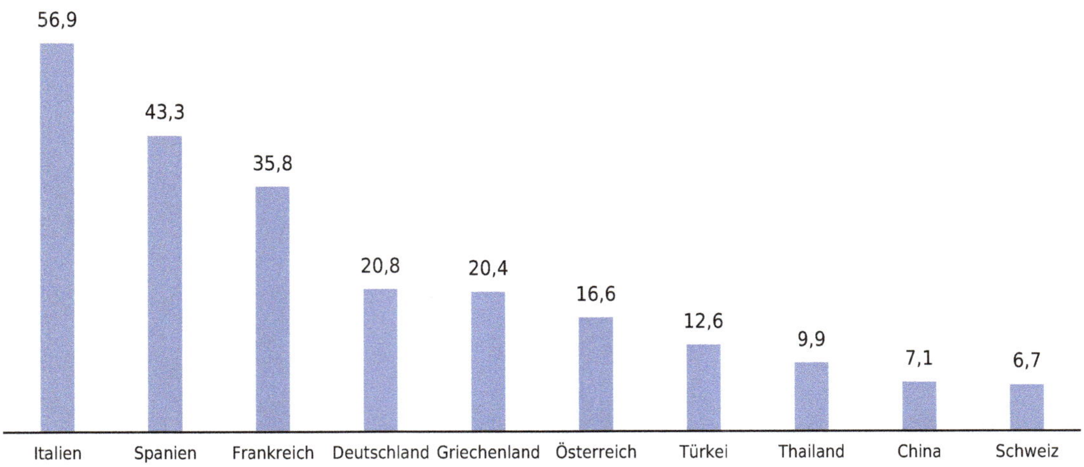

33 | Top-Reiseziele der deutschen Bevölkerung für kulinarischen Tourismus. Im Rahmen einer Studie von Bauer-Krösbacher et al. (2017) wurde untersucht, welches für die deutsche Bevölkerung das bedeutendste kulinarische Reiseziel ist. Italien wurde dabei als das Land mit dem besten kulinarischen Image und dem höchsten Besucherpotenzial für kulinarischen Tourismus gesehen (n = 506).

Beispiel | Trüffel

Als Beispiel einer kulinarischen Produktthemenreise können Trüffelreisen in die Regionen *Périgord* in Frankreich oder *Emilia-Romagna* und *Piemont* in Italien genannt werden. Dabei handelt es sich um zeitlich begrenzte Angebote, die von der Saison der Trüffelsuche abhängen. Diese Trüffelreisen werden überwiegend als Pauschalreisen angeboten, bei denen die Reisen auf das Kernprodukt Trüffel ausgerichtet sind, in Form zu konsumierender Speisen mit Trüffel, Trüffelsuche mit einem lizensierten Trüffelsucher, Kochkurse mit Trüffel oder Besuche von Märkten, auf denen Trüffel und Trüffelprodukte angeboten werden.

34 | Weißer Trüffel

4.3 Kulinarische Themenrouten

Im Rahmen der kulinarischen Themenrouten, die ebenfalls unter den Begriff der Produktthemenreisen subsumiert werden können, stehen in der Vermarktung wie bei reinen Produktthemenreisen einzelne Produkte im Mittelpunkt, beispielsweise Wein, Whiskey, Bier oder Spargel. Diese werden von Touristen aber stark mit anderen Bestandteilen des touristischen Reisemotivs verbunden, da hier nur ein geringer Teil der Touristen explizit aus Produktgründen die Route absolviert. Diese Zielgruppe zeichnet den *kulinarischen Touristen im weiteren Sinne* aus.

Der Begriff *Touristische Route* ist in der Literatur nicht einheitlich definiert, daher finden sich auch Titulierungen wie *Ferienstraße*, *Kulturstraße* und *Themenstraße*, die häufig synonym verwendet werden (Müller, 1994). Die Inhomogenitäten der Kriterien zeigt sich auch bei der Erfassung von existierenden touristischen Routen in Deutschland. Nach Angaben des DTV (2017) (Deutscher Tourismusverband e. V.) existiert in Deutschland „eine nicht quantifizierbare Anzahl touristischer Routen, wobei es nur wenige ins Bewusstsein einer breiten Öffentlichkeit geschafft haben […]."

Als Merkmal für touristische Routen steht jedoch die Dauerhaftigkeit und eindeutige Streckenführung, die Kennzeichnung durch Beschilderung und die thematische Bezeichnung einer touristischen Route. Dabei lassen sich die meisten touristischen Routen in Deutschland der Thematik Kultur und Geschichte, Landschaft sowie Kulinarik zuordnen (Eilzer, 2021). Der Deutsche Tourismusverband (DTV) hält bezogen auf die Definition 2017 fest: „Ferienstraßen sind auf Dauer angelegte, genau definierte Reiserouten auf Bundes- und Landesstraßen, die dem Reisenden thematisch abgegrenzte spezielle Attraktionen bieten. Sie verfolgen u. a. den Zweck, das Gebiet der Streckenführung touristisch besser zu vermarkten". Um diese Vermarktung zu gewährleisten, wurden vom DTV entsprechende Qualitätskriterien definiert. Diese sollen Trägerorganisationen als Richtlinie dienen und dem Gast Orientierung bieten (DTV, 2017):

- **Leitthema benennen**
  der Name soll sich auf den Namen der Landschaft (Urlaubsregion) oder auf ein bestimmtes Thema berufen und dadurch der Route Einzigartigkeit verleihen
- **dauerhaft durchgängige Streckenführung**
  die Route soll Streckenabschnitte umfassen, die das spezifische Thema der Route erlebbar machen, die Streckenführung soll durchgehend sein – mit Ausnahmen von Abstechern zu Sehenswürdigkeiten. Auf die Benutzung von Bundesautobahnen oder Schnellstraßen soll verzichtet werden
- **durchgängige und einheitliche Beschilderung**
  die Beschilderung muss aussagekräftig sein und einer klare Nachvollziehbarkeit der Strecke gewährleisten
- **eindeutig verantwortliche Trägerschaft**
  um dadurch die organisatorische und finanzielle Basis für die Planung und die erfolgreiche Vermarktung zu sichern
- **zentrale Informationsstelle**
  die als Ansprechpartner für Kunden, Akteure und Kooperationspartner der Route fungiert
- **professionelles touristisches Marketing**
  um nach innen Leistungsträger zu vernetzen und ein abgestimmtes Angebot zu realisieren sowie nach außen dieses zeitgemäß zu kommunizieren
- **kontinuierliche Qualitätssicherung**
  Monitoring zur Selbstkontrolle durchführen, hierfür wurde eine Checkliste erstellt mit den Themenschwerpunkten: Streckenführung und Beschilderung, touristische Informationen und Marketing, Qualitätssicherung und -verbesserung.

Wissen | Touristische Routen als Destination

Bieger und Beritelli (2013) stellen fest, dass die touristische Destination aus der Sicht des Nachfragers in Abhängigkeit von dessen Bedürfnissen und dessen Wahrnehmung zu definieren ist und die zur Bedürfnisbefriedigung bereitgestellten Dienstleistungen und Sachanlagen als ein Produkt zu verstehen sind. Sie definieren eine touristische Destination als einen geographischen Raum, „den der jeweilige Gast (oder ein Gästesegment) als Reiseziel auswählt. Sie enthält sämtliche für einen Aufenthalt notwendigen Einrichtungen für Beherbergung, Verpflegung, Unterhaltung/Beschäftigung." Auch touristische Routen können in die Definition der Destination eingeordnet werden und stellen eine organisatorische Einheit (Werbegemeinschaft) dar, die speziell gekennzeichnet ist (Freyer, 2015).

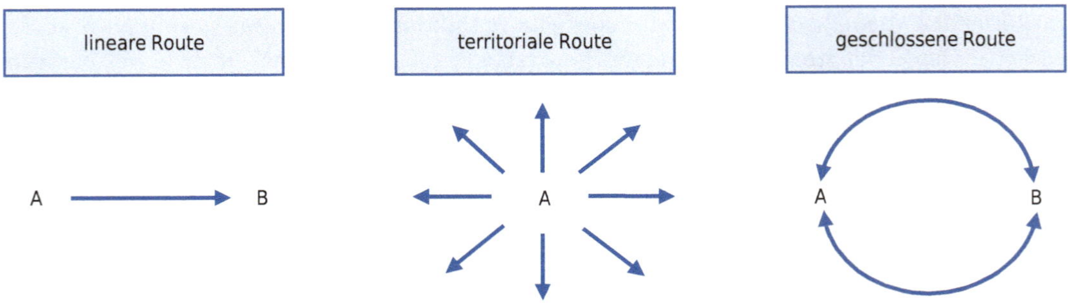

35 | Möglichkeiten der Streckenführung von Routen

Bei touristischen Themenrouten handelt es sich um eine Form des Netzwerks, das öffentliche und private Partner zusammenbringt, um so das Gebiet der Streckenführung besser zu vermarkten (Antz, 2007). Bei den Trägerschaften von touristischen Routen definiert Timm (2020) fünf Kategorien: Tourismusorganisationen, eingetragene Vereine, Teil eines Vereins, Arbeitsgemeinschaften und die Kategorie „Sonstiges" wie z. B. lose Kooperationen. Diese Netzwerke mit kooperierenden Akteuren können zu einem Wettbewerbsvorteil für die Destination führen und somit zur Steigerung der Wertschöpfung beitragen (Eisenstein, 2013). Bei der Konzeption von kulinarischen Themenrouten besteht häufig die Schwierigkeit, die unterschiedlichen Interessen der beteiligten Netzwerkpartnerzusammenzubringen. Da hier öffentliche und private Netzwerkpartner, verschiedene Branchen mit unterschiedlichen Interessen und unterschiedliche Betriebsgrößen aufeinandertreffen (Hall et al., 2002) bestehen bei den unterschiedlichen kulinarischen Routen unterschiedliche Ausgangspositionen. In Bezug auf den Weintourismus stellen Moreno-Melgarejo et al. (2021) häufig fehlende Kenntnis bei den beteiligten Akteuren bei der Entwicklung von weintouristischen Reisezielen fest. Sie merken an, dass Winzer sehr stark auf ihr eigenes Produkt bezogen sind und häufig nicht über qualifizierte Mitarbeiter aus dem Bereich der touristischen Dienstleistungen verfügen. Auch besteht bei vielen Weingütern noch immer das Hemmnis, in die Infrastruktur zu investieren, die notwendig ist, um Gäste überhaupt zu empfangen.

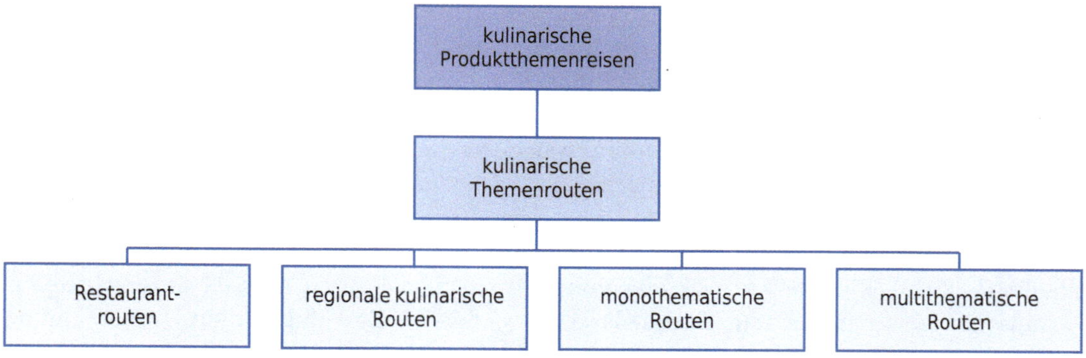

36 | Einordnung kulinarische Themenrouten

Kulinarische Themenrouten sind in ihrer Ausprägung in unterschiedlichen Konzeptionen zu finden. Diese unterscheiden sich hinsichtlich der Länge, Themenschwerpunkte, abgrenzender Teilgebiete wie Regionen bzw. länderübergreifend sowie Anzahl und Professionalität der beteiligten Netzwerkpartner. Im Bereich der kulinarischen Routen können grundsätzlich vier Unterscheidungen getroffen werden:

- **Restaurantrouten**
  Routen, die zu bestimmter Gastronomie führen, die jeweils über eine identische ethnische Küche oder über eine bestimmtes kulinarisches Niveau verfügen
  Beispiel: *The Culinary Trail of Gdynia Centre* | 🔗 www.kulinarnagdynia.pl
- **regionale kulinarische Routen**
  lokale kulinarische Produkte werden in der Vermarktung hervorgestellt
  Beispiel: *Livländische kulinarische Route durch Estland und Lettland* | 🔗 www.epkk.ee/livonian-culinary-route
- **monothematische Routen**
  unter einzelnen Produkten oder Gerichten werden Anbieter und Produzenten versammelt.
  Beispiel: *Emmentaler Käseroute* | 🔗 www.kaeseroute.ch
- **multithematische Routen**
  unter dem Routennamen versammeln sich verschiedene Angebote der Kultur, die mit Kulinarik verbunden werden.
  Beispiel: *Bier und Burgenstraße* | 🔗 www.bierundburgenstrasse.de

Die erste kulinarische Themenroute, die in Deutschland eröffnet wurde, war die 1935 ins Leben gerufene *Deutsche Weinstraße* (Mănilă, 2012). Sie verläuft durch das Weinanbaugebiet *Pfalz*. Hintergrund war die Bemühung zur Wiederbelebung der Weinindustrie. Im Jahr 1937 folgte die *Routes des Grands Crus* als erste französische Weinstraße und erstreckt sich von Dijon über Santenay bis nach Beaune (Bourgogne-Franche-Comté Tourisme, 2023). Seit dieser Zeit wurden weltweit zahlreiche neue Weinstraßen initiiert. Weinrouten oder Weinstraßen stellen oftmals den verbindenden Charakter des Weintourismus einer Weinbauregion dar und sind Teil einer Tourismusstrategie (Bruwer, 2003). Dieser Beitrag zum Tourismuskonzept einer Region zeigt sich an der *Badischen Weinstraße*. Die 1954 eröffnete *Weinstraße* wurde zum 60-jährigen Jubiläum, 2014 von ursprünglich 200 Kilometern Länge auf 500 Kilometer erweitert. Hintergrund war „die Region überregional bekannter zu machen“ (baden-wuerttemberg.de, 2014). Die Steigerung der touristischen Wertschöpfung durch Regionalmarketing kann für die Entwicklung und Pflege von touristischen Routen als Hauptziel genannt werden (DTV, 2017). Ziel ist es, bei kulinarischen Routen eine Reihe regionaler Merkmale (natürlicher, kultureller und sozialer Natur) hervorzuheben, die der Destination ihre Markenidentität verleiht (Moran, 1993), um damit Marktanteile zu sichern, Zielgruppen zu binden und eine bessere infrastrukturelle Auslastung in der touristischen Nebensaison zu gewährleisten (Demhardt, 2000). Kulinarische Routen stellen eine angebotsseitige Initiative für die Entwicklung von Destinationen dar und müssen auf die touristische Nachfrage reagieren oder diese schaffen (Rogerson, 2009). Für die Entwicklung von touristischen Routen müssen unterschiedliche Vorrausetzungen gegeben sein. Primär ist dabei sicherlich die Fähigkeit zur Vernetzung der Mitglieder untereinander. In Bezug auf kulinarische Routen sind dabei noch andere Elemente zu beachten:

- ein Produkt muss als übergeordnetes Thema die Route beschreiben
- das Produkt muss charakteristisch für die Region sein
- das Produkt sollte mit Techniken oder Rohstoffen hergestellt werden, die für die Region typisch sind
- je höher der wirtschaftliche Nutzen von lokalen Anbietern ist, desto höher ist die Identifikation mit der Route
- je lokaler die Rohstoffe sind, desto authentischer wird das Produkt (Widawski & Oleśniewicz, 2019)

Nachfolgend werden einige ausgesuchte kulinarische Routen vorgestellt:

- **Südtiroler Erdbeerweg**
  Der im Jahr 2011 eröffnete Südtiroler Erdbeerweg ist ein 8 bzw. 11 Kilometer langer Weg und eine geschlossene Route mit dem Ausgangspunkt Trattla. Der Weg führt durch die Natur- und Kulturlandschaft des *Marteller Talbodens* in Südtirol/Italien. Themenstationen bieten Einblicke in die Geschichte, die Botanik, den Anbau und die gesellschaftliche Bedeutung der Erdbeere. Landwirtschaftliche Höfe bieten Führungen und Verkostungen an. Träger ist der Tourismusverein *Latsch Martell.* Besonderheiten sind neben dem Südtiroler Erdbeerfest, Kochkursen und Bauernmärkten auch das höchste Erdbeeranbaugebiet Europas. Zielgruppe des Erdbeerwegs sind Familien mit Kindern und Wanderer.
  🔗 www.gemeinde.martell.bz.it/de/Erdbeerweg-galerie-02
  🔗 www.latsch-martell.it/

- **Badische Spargelstraße**
  Die Badische Spargelstraße befindet sich in Baden-Württemberg und umfasst eine Strecke von 136 Kilometern. 1994 wurde die Badische Spargelstraße ins Leben gerufen. Träger ist die *Schwarzwald Tourismus GmbH.* Als lineare Route führt sie von Schwetzingen über Bruchsal nach Schwerheim. Die Route wirbt mit Radfahrfreundlichkeit und ist Teil eines Radrundkurses zwischen Schwetzingen und Bruchsal auf einer Länge von 108 Kilometern.
  🔗 www.schwarzwaldportal.com/_badische-spargelstrasse.html

37 | Piktogramm mit dem Spargelmännchen als Wegweiser für die „Tour de Spargel"

- **Niedersächsische Spargelstraße**
  Die 1999 eingerichtete kulinarische Themenroute *Niedersächsische Spargelstraße* verbindet auf ca. 750 Kilometer die wichtigsten Spargelanbaugebiete Niedersachsens. Träger der geschlossenen Route ist der *Niedersächsische Spargelstraße e. V.*, der 1998 gegründet wurde. Zahlreiche touristischer Angebote entlang der Route mit Bezug zum Spargel, wie z. B. das Spargelmuseum.
  🔗 www.niedersaechsische-spargelstrasse.de
- **Käsestraße Schleswig-Holstein**
  Die 1999 ins Leben gerufene Käsestraße verfügt als geschlossene Route über 500 Kilometer Länge. Träger der Route ist der *Käsestraße Schleswig-Holstein e. V.* Grundlage der Gründung war die Vernetzung der Käser, um eine gemeinsame Vermarktungsplattform zu generieren.
  🔗 www.kaesestrasse.sh
- **Route der Genüsse**
  Die *Route der Genüsse* ist ein Zusammenschluss von unterschiedlichen Betrieben der Kulinarik (Weingüter, Restaurants, Kaffeeröstereien etc.) und wurde 2015 ins Leben gerufen. Mit sechs Abschnitten verfügt sie insgesamt über eine Länge von 305 Kilometern. Die *Route der Genüsse* bildet eine Vermarktungskooperation für die Produkte und Veranstaltungen der kulinarischen Anbieter. Träger der Route ist *Tourismus Region Wertheim GmbH.*
  🔗 www.route-der-genuesse.de
- **Viezstraße**
  Die kulinarische Route mit einer Länge von 172 Kilometern rund um das Thema *Viez*. 1997 gegründet, ist der Träger der Verein *Viezstraße e. V.* (früher *Saargau-Tourist*). *Viez* ist ein in der Region Trier, in der Eifel, im Hunsrück, an der Mosel und an der Saar verbreiteter Apfelwein. Die *Viezstraße* trägt dazu bei, diesen Apfelwein als Kulturgut zu bewahren und damit auch die Streuobstwiesen zu schützen.
  🔗 www.viezstrasse-online.de

Im europäischen Ländervergleich liegt Deutschland beim Bierkonsum, mit 89 Liter pro Kopf auf Platz 4 (European Beer Trends, 2022). Die lange Tradition und Bedeutung für die regionale Wirtschaft zeigen sich in der Vielzahl von deutschen Brauereien und Veranstaltungen um das Getränk. Das handwerkliche Bierbrauen in Deutschland wurde von der UNESCO als sogenanntes *Immaterielles Kulturerbe* anerkannt. Eine besondere Rolle spielt das Bier auch in der deutschen Tourismusindustrie, denn es lockt jedes Jahr Besucher aus der ganzen Welt zu deutschen Bierveranstaltungen. Stellvertretend hierfür steht das *Oktoberfest* in München oder das *Cannstatter Volksfest.* Zur Unterstützung der regionalen Brau- und Tourismusindustrie gibt es daher unterschiedliche thematische Routen rund um das Thema Bier. Diese werden entweder durch öffentliche Koordination in Form von Tourismusorganisationen oder durch die privatwirtschaftliche Seite initiiert, um Pauschalangebote für den Besuch dieser Route zu vermarkten.

Beispiele sind:

- *Aischgründer Bierstraße*
- *Bayerische Bierstraße*
- *Fränkische Bierstraße*
- *Brandenburger Bierstraße*
- *Ostfriesische Biertour*
- Bierroute durch den Teutoburger Wald

39 | Wegweiser von touristischen Routen in Bruchsal. Die Grundlage für die wegweisende Beschilderung von touristischen Routen in Deutschland bildet die „Richtlinien für die touristische Beschilderung“ [RtB 2008] (DTV, 2017).

5 Vermarktung im kulinarischen Tourismus

In der wissenschaftlichen Literatur herrscht Einigkeit darüber, dass das kulinarische Angebot Potenzial hat, die touristische Wettbewerbsfähigkeit von Kommunen, Regionen und Ländern zu steigern (Hall et al., 2003; Horng & Tsai, 2010; Fan, 2013; Rinaldi, 2017). Besonders in Kommunen und Regionen sind kulinarische Bestandteile oftmals wichtige Elemente, um eine touristische Identität aufzubauen. Bei der touristischen Identität handelt es sich um das Selbstbild einer Destination aus Sicht aller internen Zielgruppen (DMO, Leistungsträger, Bewohner) und ist Voraussetzung zum Aufbau des touristischen Markenimage (Fremdbild). Die touristische Markenidentität einer Destination wird insbesondere durch die örtliche und regionale Kultur und Tradition sowie die Mentalität der Bewohner geprägt (Scherhag, 2022). Das kulinarische Angebot einer Region kann allerdings nur zum Aufbau eines Markenimage führen und dadurch zu einem Wettbewerbsvorteil werden, wenn dieses durch die ansässigen Akteure kooperativ aufbereitet und so zu einem integralen Bestandteil des Gesamtangebotes wird (Bauer-Krösbacher et al., 2017).

> Im Bereich des kulinarischen Tourismus zeigt sich, dass Hemmnisse oftmals darin bestehen, wenn bei den ansässigen Akteuren unterschiedliche Ansätze und Vorstellungen vorherrschen.

Doch ohne ein ganzheitliches Konzept, das von allen internen Zielgruppen getragen wird, ist der Identitätsaufbau nicht möglich. Grundvoraussetzung ist hierfür die Kooperationsbereitschaft der Akteure und das Aufzeigen von Synergieeffekten durch den kulinarischen Tourismus. Im Bereich der Kulinarik gibt es wenige einzelne Produkte, die für einen Identitätsaufbau genutzt werden können. Stellvertretend hierfür sind es beispielsweise die Produkte Wein, Spargel und Trüffel, die die Identität einer Destination prägen können. Meist sind es Produktkombinationen und die daraus resultierende Verarbeitungsinstitutionen, die zu einem *Special-Interest-Angebot* in der jeweiligen Destination führen. Bei dieser Art von touristischen Angeboten handelt es sich um spezifische Themenkomplexe wie den kulinarischen Tourismus, die für eine bestimmte Zielgruppe relevant sind. Dabei wird eine Nischenstrategie verfolgt, um eine spezifische Zielgruppe anzusprechen und Wettbewerbsvorteile gegenüber Konkurrenten zu erlangen, die in ihren touristischen Themen breiter aufgestellt sind (Scherhag, 2022).

5.1 Kulinarischer Tourismus als Vermarktungsinstrument in Destinationen

Nie zuvor hatten Reisende mehr Möglichkeiten sich für eine Urlaubsdestination zu entscheiden. Diese Dynamik der weltweiten Angebotsentwicklung hat sich in der jüngeren Vergangenheit rasant entwickelt. Gleichlaufend hat sich der Wettbewerbsdruck für viele Destinationen erhöht (Eisenstein, 2013). Im Rahmen der Vermarktung von Destinationen sind dabei Größen des Reiseentscheidungsprozesses wie verfügbares Budget, Mobilität, verfügbare Zeit und individuelle Bedürfnisse des Reisenden entscheidend (Stolpmann, 2007). Im Rahmen der Nachfrageseite spiegeln sich allgemeine gesellschaftliche Veränderungen wider und prägen so die Verhaltensweisen der touristischen Nachfrage. Eine hohe Reiseerfahrung in der Breite der Gesellschaft führt dabei zu Veränderungen in Reiseentscheidungsprozessen und im Anspruchsniveau (Eisenstein, 2013). Als prägendstes Kennzeichen kann hierbei die Erlebnisorientierung und Individualisierung genannt werden. Die Individualisierung und Selbstverwirklichung der Gesellschaft hat sich zu einem Megatrend entwickelt und wird angetrieben durch die Zunahme persönlicher Wahlfreiheiten und individueller Selbstbestimmung (🔗 www.zukunftsinstitut.de). Viele kleinere Urlaubsregionen und Destinationen sehen sich gezwungen, ihr Profil zu schärfen und sich innerhalb des Wettbewerbs zu differenzieren (Stolpmann, 2007). Eine Möglichkeit besteht dabei in der Herausarbeitung der regionalen Kulinarik oder dem kulinarischen Tourismus. Berg und Sevon (2015) listen die Hauptgründe auf, warum Destinationen Kulinarik als Teil ihrer Identität einbinden:

- Unterstützung der lokalen kulinarischen Anbieter
- Stärkung der Identität einer Destination
- gezielte Veränderung von öffentlichen Räumen
- Identitätsveränderung einer Destination

5.2 Kulinarik zur Unterstützung der lokalen kulinarischen Angebotsstruktur

Die Integration der Kulinarik in den Identitätsaufbau einer touristischen Destination ist ohne die Stärkung der lokalen Lebensmittelproduzenten und Gastronomie nicht möglich. Je bekannter eine Destination für die Herstellung von Produkten der Kulinarik oder eines bestimmten kulinarischen Angebotes sind, desto mehr profitieren die jeweiligen Produzenten und Anbieter. Dies wird besonders deutlich im Bereich des Weintourismus, bei dem der Herkunftsort als klarer Wettbewerbsvorteil stehen kann (Andéhn & Berg, 2011). Dieser Vorteil begründet sich in der Vorstellung, dass bestimmte Produkte aufgrund ihrer geographischen Herkunft spezifische Eigenschaften mitbringen. Dafür steht beispielsweise der französische Begriff des *Terroir*. Terroir ist ein Begriff, der dem Weinbau entstammt. Er beschreibt die Handschrift des Winzers verbunden mit den lokalen Gegebenheiten, die die Weinsensorik beeinflussen (z. B. Einfluss von Tages- und Nachttemperaturen, Sonnenscheindauer und Niederschlagsverteilung, Bodenbeschaffenheit, Hangexposition und -neigung). Diese Einflussfaktoren bringen damit einen, für diesen Ort charakteristischen, Wein hervor (Hoppmann et al., 2017). Durch diesen ortsbezogenen Zusatznutzen lässt sich die geographische Herkunft eines Produktes in der Vermarktung verwenden und eine positive Assoziation zur Destination auf das Produkt übertragen. Dieses geschaffene *Product-Country-Image* kann als nachhaltiger Wettbewerbsvorteil bewertet werden, der von anderen Destinationen nicht kopiert werden kann und somit zur Differenzierung beiträgt (Weichhart, 2012). Im Rahmen der Nahrungs- und Genussmittel wurden von der EU im Jahre 1992 die geografischen Herkunftsangaben

- **g.U.** | geschützte Ursprungsbezeichnung,
- **g.g.A.** | geschützte geografische Angabe und
- **g.t.S.** | garantiert traditionelle Spezialität

als System zum Schutz und zur Förderung traditioneller und regionaler Lebensmittelerzeugnisse eingeführt. Ziel ist es, die Namen von bestimmten Erzeugnissen zu schützen, die mit ihrem geografischen Ursprung verbundenen Eigenschaften herauszustellen, das Verbrauchervertrauen zu stärken und dadurch die Vermarktung zu unterstützen (BMEL, 2020).

geschützte Ursprungsbezeichnung (g. U.)	**geschützte geografische Angabe (g. g. A.)**	**garantiert traditionelle Spezialitäten (g.t.S.)**
Lebensmittel, landwirtschaftliche Erzeugnisse und Weine	Lebensmittel, landwirtschaftliche Erzeugnisse und Weine.	Lebensmittel und landwirtschaftliche Erzeugnisse.
Jeder Verarbeitungsschritt, also Erzeugung, Verarbeitung und Zubereitung, muss in der jeweiligen Region erfolgen. Für Weine bedeutet dies, dass Trauben ausschließlich aus dem geografischen Gebiet stammen müssen, in dem der Wein hergestellt wird.	Für die meisten dieser Erzeugnisse muss mindestens einer der Herstellungsschritte, also Erzeugung, Verarbeitung oder Zubereitung, in besagter Region erfolgen. Für Wein bedeutet dies, dass mindestens 85 Prozent der Trauben ausschließlich aus dem geografischen Gebiet stammen müssen, in dem der Wein hergestellt wird.	Das Unionszeichen *g.t.S.* bezieht sich nicht auf einen geografischen Ursprung, sondern hebt die traditionelle Zusammensetzung des Produkts oder ein traditionelles Herstellungs- und/oder Verarbeitungsverfahren hervor. Der Produktionsprozess ist an kein Gebiet gebunden, entscheidend ist allein, dass dem traditionellen Rezept oder Herstellungsverfahren gefolgt wird.
Beispiele: • Lüneburger Heidschnucke • Weideochse vom Limpurger Rind • Allgäuer Bergkäse • Allgäuer Emmentaler • Wachauer Marille • Grana Padano	**Beispiele:** • Nürnberger Lebkuchen • Schwäbische Spätzle • Thüringer Rostbratwurst • Beelitzer Spargel • Filderkraut • Steirisches Kürbiskernöl • Aceto Balsamico Tradizionale di Modena	**Beispiele:** • Heumilch • Serrano-Schinken • Mozzarella • Geuze-Bier • Hushållsost

4 | Geografische Herkunftsangaben und traditionelle Spezialitäten

Die Integration der Kulinarik in den Identitätsaufbau einer Destination und die Unterstützung der ansässigen Gastronomie und Produzenten von Lebensmitteln zeigt sich auch in Kopenhagen in Dänemark. Kopenhagen hat sich zu einem weltweiten Reiseziel für die Gastronomie entwickelt. Grund dieser Bekanntheit ist zum großen Teil auf das Renommee des Gourmetrestaurants *Noma* zurückzuführen und die 2010 erstmalige Listung als *The World's Best Restaurant* (Byrkjefot et al., 2013). Das *Noma* ist Teil der Bewegung der *New Nordic Cuisine.* Hintergrund der Mitte der 2000er-Jahre entwickelte Initiative ist die verstärkte Verwendung von saisonalen/lokalen Lebensmitteln und die Weiterentwicklung von traditionell nordischen Gerichten. Ziel dabei war es, die Bekanntheit der nordischen Küche aufzubauen, diese international zu fördern und gleichzeitig den kulinarischen Wurzeln der betreffenden Länder und Regionen treu zu bleiben (Schweden, Dänemark, Grönland, Norwegen, Island, den Färöern und Finnland) (Micheelsen, 2013). Der Status dieser Restaurants wird so integraler Bestandteil des Markenimage der jeweiligen Destination und strahlt dadurch auf andere Restaurants und Produzenten ab.

Wissen | Kulinarik-Destination Österreich

2019 stellte Österreichs Landwirtschaftsministerin die Kulinarik-Strategie Österreichs vor. Diese Strategie verfolgt das Ziel, Österreich als *DIE Kulinarik-Destination Europas* zu etablieren, um österreichische Lebensmittel international bekannter zu machen. Grundlage hierfür bildet das 2016 vom Bundesministerium für Nachhaltigkeit und Tourismus gegründete *Netzwerk Kulinarik* als strategischen Koordinierungsplattform für horizontale und vertikale Zusammenarbeit. Aufgabe dieser Plattform ist es, die Zusammenarbeit von Kulinarik-Initiativen auf Bundes-, Landes- und regionaler Ebene zu koordinieren, Akteure entlang der Wertschöpfungskette zu vernetzen und so Streuverluste zu minimieren. Das *Netzwerk Kulinarik* baut dabei auf den vielfältigen kulinarischen Initiativen und Projekten in den Regionen auf und zielt auf Orientierung und Identifikation mit regionalen Produkten und Angeboten aus Österreich ab. Um dies auf eine breite Basis zu stellen, wurden für die Erarbeitung der Strategie und des Leitbildes neun Landeskonferenzen abgehalten und 400 Vertreter kulinarischer und regionaler Initiativen konnten ihre Ideen und Anforderungen einbringen (AMA-Marketing GesmbH 2019). Ein bedeutender Teil dieses Strategieprozess nimmt dabei der Tourismus ein. Durch die strategische Vernetzung der Landwirtschaft, der kulinarischen Anbieter und dem Tourismus sollen Synergien genutzt sowie gemeinsame Projekte und Aktivitäten entwickelt und umgesetzt werden (Bundesministerium für Nachhaltigkeit und Tourismus, 2019). 🔗 www.genussregionen.at

5.3 Kulinarik als Beitrag zur Identitätsbildung einer Destination

Kulinarik und Essen spielen in vielen Kulturen eine wichtige Rolle und sind Bestandteil des kulturellen Erbes eines Landes. Daher setzte die UNESCO einzelne Speisen, Zubereitungsarten und Landesküchen auf die Liste des *Immateriellen Kulturerbes der Menschheit.* Hier finden sich Speisen wie *Koreanisches Kimchi*, Zubereitungsarten wie *Türkischer Kaffee* und Landesküchen wie die *französische Küche*, die kulinarische Welt des Mittelmeerraumes von Griechenland über Spanien und Italien bis nach Marokko, die traditionelle *Washoku-Küche* aus Japan und die traditionelle mexikanische Esskultur (UNESCO, 2022). Ziel ist es, die kulinarische Identität einer Region oder Nation zu stärken und die Attraktivität des Landes als kulinarisches Reiseziel zu erhalten. Kulinarische Aktivitäten in Form von Essen und Gastronomie können auch bewusst in den Vordergrund der touristischen Vermarktung gesetzt werden, wenn hierfür die grundsätzlichen Voraussetzungen bestehen, um damit die lokale Identität und Kultur aufzugreifen mit dem Ziel, die Attraktivität für Touristinnen zu generieren (Tellström et al., 2006). Ein Beispiel hierfür ist *Baiersbronn* im Schwarzwald: Zur Vermarkung der Destination wird bewusst das Thema „Genuss" in den Vordergrund gestellt, um damit eine kulinarische Identität zu schaffen. Grundlage hierfür bildet die hohe Dichte an Restaurants mit Auszeichnungen im *Guide Michelin.* Von bundesweit neun Drei-Sterne-Restaurants stehen zwei in der Schwarzwaldgemeinde *Baiersbronn* (SWR, 2022) – eine Voraussetzung, um weitere Bereiche wie den Rad- und Wandertourismus mit dem Thema Kulinarik zu verbinden. Ein Auszug aus dem Baiersbronn Magazin:

> „Der würzige Duft geräucherter Fische liegt in der Luft. Die Sonne wärmt, und ein Windhauch rauscht lautstark durch die Tannenwipfel des idyllischen Buhlbachtals bei Baiersbronn. Alle Tische auf der Terrasse des rustikalen Forellenhofs Buhlbach sind belegt. Kein Wunder, die Küche ist unter Gourmets weit über die Grenzen des Schwarzwalds hinaus bekannt. Doch wer glaubt, auf der Sonnenterrasse säßen

elegant gekleidete Feinschmecker, der irrt sich. Hier strecken vor allem Wanderer und Biker gern alle viere von sich und lassen ihren Gaumen von der exquisiten Küche verwöhnen" (Engelhardt, 2022).

So bildet die Kulinarik als Grundlage der Identität einer Destination die Voraussetzung, diese mit anderen Tourismusformen zu verbinden. Der Bezug zur Region und regionalen Produkten spielt dabei eine maßgebliche Rolle. Kulinarik trägt damit in Kombination mit regionalen Produkten zur Identitätsbildung bei der eigenen Bevölkerung und den touristischen Akteuren bei (Steinecke, 2007). Nach Berg und Sevon (2015) werden kulinarische Bestandteile dazu verwendet, um Räume innerhalb der Destination zu verändern: Straßen oder Plätze realisieren zeitweise verschiedenste gastronomische Angebote wie *Street-Food-Festivals* oder *Open-Air-Restaurants*, um Einheimische und Touristen anzuziehen und der Destination ein neues Gesicht zu geben. Berg und Östberg (2008) greifen dabei das *Malmö Festival* auf, bei dem die schwedische Innenstadt zu einem *Street-Food-Festival* verwandelt wird mit besonderem Schwerpunkt auf regionale Speisen und Getränke. Dies hat zu einer Veränderung des Images der multikulturellen Stadt Malmö beigetragen. Tellström et al. (2006) sprechen dabei von einem Paradox, da regionale Lebensmittel – die gemeinhin als Gegenstück zur städtischen Esskultur gesehen werden – häufig im Stadtmarketing eingesetzt werden, um ein bestimmtes Image aufzubauen.

Beispiel | Malmö Festival

Skandinaviens größtes Straßenfest findet jährlich im August statt und zählt im Durchschnitt etwa 1,4 Millionen Besucher. Traditionell wird das Festival mit einem öffentlichen *Kräftskiva* eingeleitet – einem traditionellen schwedischen Krebsessen (Visit Sweden, 2023).

40 | Malmö Festival

5.4 Kulinarik als Vermarktungsmöglichkeit im Agrartourismus

Regionale Genussmittel sowie regionale Lebensmittel und deren Verarbeitung stellen den Kern des kulinarischen Tourismus dar. Touristen besuchen die touristischen Angebote von Lebensmittelproduzenten bei Weingütern, Käsereien, Bauernhöfen, Molkereien, Imkerbetriebe oder Fischzuchtbetrieben – es entsteht eine Verbindung zwischen Agrartourismus (auch Agritourismus oder Agrotourismus) und kulinarischem Tourismus (Long, 2012).

> Agrartourismus ist ein Bestandteil des ländlichen Tourismus, der in Verbindung steht mit landwirtschaftlichen Betrieben oder landwirtschaftlicher Flächennutzung, bei denen der Tourist in direktem Kontakt mit der landwirtschaftlichen Erzeugung kommt.

Nachfrageseitig kann als Agrartourismus eine Aktivität von Besuchern außerhalb ihres gewohnten Arbeits- und Wohnumfeldes im landwirtschaftlichen Kontext beschrieben werden (Hochuli et al., 2016a). In Bezug auf die Anbieterseite kann Agrartourismus im engeren Sinne beschrieben werden und beschränkt sich auf die Angebote, die landwirtschaftliche Betriebe direkt anbieten und dadurch direkt ökonomisch profitieren. Dies kann in Form von Angeboten der Beherbergung, Gastronomie, Veranstaltungen und Kultur sowie Einkaufsangebote unterschieden werden. Agrotourismus im weiteren Sinn beinhaltet touristische Angebote, die durch die landwirtschaftlichen Betriebe mitgestaltet werden und als Basis für den Tourismus in der jeweiligen Destination dienen, wie z. B. Feldwege für Wanderer oder typische Kulturlandschaften (BMEL, 2017).

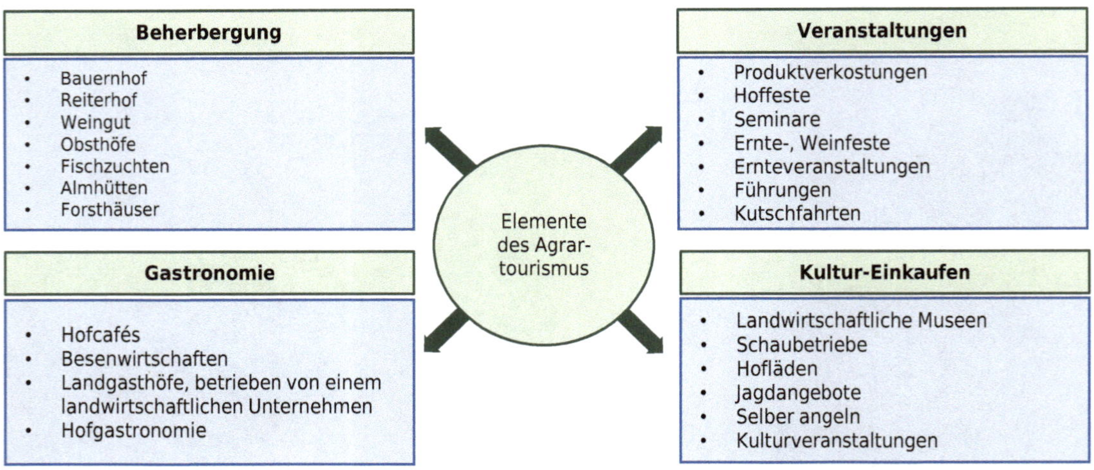

41 | Beispiele für Elemente des Agrartourismus

Wissen | Tourismus im ländlichen Raum

Der Zusammenhang zwischen Regionalentwicklung und Tourismus wird in der Wissenschaft aus unterschiedlichen Blickwinkeln untersucht. Die Auswirkungen des Tourismus – sei es in ökonomischem, ökologischem oder sozialem Kontext – wird in zahlreichen Untersuchungen und tourismuswissenschaftlicher Literatur dargelegt (siehe auch exemplarisch Job et al. (2016); Lehmeier (2015); Merlin (2017); Metzler (2007)). So ist der Begriff des ländlichen Raums mit dem Tourismus eng verbunden. Auch wenn nach Rein und Schuler (2012) keine einheitliche Begriffsdefinition für Tourismus im ländlichen Raum vorherrscht, findet Foiera (1983) hier eine sehr weite Ausprägung mit seiner

> „Gesamtheit aller touristischen Erscheinungsformen und Beziehungen im ländlichen Raum".

Eine sehr enge Auslegung dagegen definiert die UNWTO (2003):

> „Rural tourism is engaged in by tourists seeking rural peace; it is tourism away from the mainstream, away from areas of intensive tourism activity. It is engaged by visitors who wish to interact with the rural environment and host community, in a meaningful and authentic way."

Ursprung der Schwierigkeit der definitorischen Einordnung ist per se die Einordnung des Begriffs *ländlicher Raum*. So definiert sich das Merkmal der Ländlichkeit eines Raumes zunächst über die Perspektive und Absicht der Einordnung (Hoppe, 2010). Das Bundesministerium für Ernährung und Landwirtschaft (2014) verfolgt hier einen sehr alltagssprachlichen Ansatz:

> „Die Gemeinsamkeit dieser ländlichen Gebiete besteht darin, dass sie durch land- und forstwirtschaftliche Flächennutzung geprägt sind. Das Landschaftsbild bestimmen Dörfer, kleinere und mittlere Städte, die von Feldern, Wiesen und Wäldern umgeben sind. Wirtschaft und Arbeit werden durch kleine und mittelständische Unternehmen dominiert." (BMEL, 2018).

Merkmale ländlicher Räume wie die Besiedlung und die Lage werden dagegen vom Bundesinstitut für Bau-, Stadt- und Raumforschung (BBSR) gewählt. Diese Ausführungen zeigen, dass die Abgrenzung der Begrifflichkeit „Ländlicher Raum" starke definitorische Unschärfen aufzeigt. Eine andere Herangehensweise zur Abgrenzung der ländlichen Räume zu einem urbanen Lebensraum legt Christaller (1955) dar. Er stellt zu Peripherien fest, dass die günstigsten touristischen Standorte stets an den Randgebieten der besiedelten Zonen liegen. Natürliche Angebote (z. B. Landschaft, Flora und Fauna, Klima, Naturdenkmäler) werden genutzt, um als Kulisse für bestimmte Freizeitaktivitäten zu dienen. Damit sind für die meisten Tourismusformen naturräumliche Bedingungen die Voraussetzung für ein touristisches Angebot (Job et al., 2016). Sind die räumlichen Voraussetzungen gegeben, bedarf es aber auch Akteuren, die ein abgeleitetes Angebot initiieren, um eine touristische Destination erfolgreich zu entwickeln (Uthoff, 1988).

Seit den 1990er-Jahren ist ein Rückgang der traditionellen Hauptzielgruppe, Familien mit kleinen Kindern, im Agrartourismus oder dem Urlaub auf dem Bauernhof zu verzeichnen. Die Gründe sind einerseits in Form des demographischen Effektes der Schrumpfung dieser Zielgruppe zu finden und andererseits die Erweiterung des Urlaubportfolios dieser Zielgruppe, ebenso wie aufgrund familienfreundlicher Angebote (NIT, 2011). Daher hat im Bereich des Agrartourismus eine zunehmende Spezialisierung (Weintourismus oder Reittourismus) auf bestimmte Zielgruppen stattgefunden, Qualitätssiegel und Zertifizierungen führten zu einer Professionalisierung im Bereich der Anbieter. Zusätzlich spricht die Ausweitung des Portfolios neue Zielgruppen an (BMEL, 2017). Im Zuge der Zunahme der touristischen Nachfrage konnte so auch der Agrartourismus davon profitieren und neue Kundensegmente für sich gewinnen (BMEL, 2022). Spezifische Kundensegmente für den Agrartourismus in der Schweiz hat Hochuli (2016b) identifiziert:

- **Low-Budget-Gäste**
  Buchung in einem Agrartourismusbetrieb aufgrund einer günstigen und einfach gehaltenen Übernachtungsmöglichkeit. Agrartouristische Aktivitäten sind für diese Gruppe bei der Auswahl des Agrotourismusbetriebes nicht sonderlich wichtig.
- **landwirtschaftsnahe Gäste**
  Das Kundensegment schätzt Agrartourismusangebote wegen des Bezugs zur Landwirtschaft. Mitmachaktivitäten, Veranstaltungen und Führungen werden als wichtig erachtet.
- **umweltbewusste Genießer**
  Repräsentieren eher junge Gäste mit der Erwartungshaltung an einen hohen Standard bei der Infrastruktur. Konsumorientierte Freizeitaktivitäten sind für diese Zielgruppe wichtig.
- **agrotourismusbegeisterte Gäste**
  Eher ältere Kundengruppe für die eine nachhaltige Ausrichtung des Betriebes zentral bei der Auswahl ist.
- **junge aktive Familien**
  Die Gäste repräsentieren junge Familien und nehmen agrartouristische Angebote aufgrund ihrer Familienfreundlichkeit wahr. Die Beherbergungsinfrastruktur soll einfach sein. Die Möglichkeiten des Erwerbs von hofeigenen Produkten und die Erreichbarkeit von Wander- und Fahrradrouten soll gegeben sein.

Für landwirtschaftliche Betriebe ist ihr Engagement im Bereich des Tourismus eine wichtige Einkommensquelle und trägt zur wirtschaftlichen Entwicklung der Regionen bei. Die häufigsten Gründe, warum landwirtschaftliche Betriebe in den Bereich des Agrartourismus investieren, sind: zusätzliches Einkommen für den Betrieb, Auslastung der vorhandenen Räume und Gebäude, Vereinbarkeit des Arbeitsplatzes am Hof mit der Familiensituation und die Möglichkeit den Arbeitsplatz zu Hause bzw. am Hof zu generieren (BMEL, 2017). Dabei ist die Diversifizierungsstrategie in der Agrarwirtschaft kein neues Phänomen und spielt seit Jahrhunderten in der Agrarwirtschaft in Form von Einkommenskombinationen eine große Rolle, um sich damit veränderten Bedingungen anzupassen (Lehmeier, 2015). Seit den 1960er-Jahren erfährt diese Diversifizierungsstrategie auch in der Wissenschaft eine zunehmend wichtige Rolle, da in Europa mittlerweile ein Drittel der landwirtschaftlichen Betriebe in unterschiedlichsten Formen diversifiziert sind (Pölling & Mergenthaler, 2017). Unter dem Begriff der *Diversifizierung* wird dabei eine Strategie verstanden, bei der die Kerntätigkeit eines Unternehmens um neue Geschäftszweige, Produkte oder Dienstleistungen erweitert wird (Weiss, & Thiele, 2002). Während früher diese Diversifizierung in der Landwirtschaft vornehmlich durch den unterschiedlichen Anbau von Feldfrüchten oder die Haltung verschiedener Tierarten stattfand, zielt die heutige Diversifizierung in der Landwirtschaft vorrangig auf Vermarktungsaktivitäten, Angebote im touristischen Bereich und im Bereich der Erzeugung von erneuerbaren Energien (Statistisches Landesamt Baden-Württemberg, 2016). Die Agrarstrukturerhebungen 2020 zeigt, dass 10.260 landwirtschaftliche Betriebe in Deutschland zusätzliche Einkünfte über den Bereich des Tourismus durch Fremdenverkehr, Beherbergung und Freizeitaktivitäten erzielen (Statistisches Bundesamt, 2021). Dabei ist die Diversifikation für viele landwirtschaftliche Betriebe in Deutschland limitiert, da die Voraussetzungen und natürlichen Gegebenheiten für ein Engagement im Tourismus nicht vorhanden sind:

- **regionale Voraussetzungen**
  Agrartourismus findet in erster Linie in touristisch erschlossenen Gebieten mit entsprechenden touristischen Rahmenbedingungen statt.
- **persönliche Voraussetzungen**
  Da Tourismus in besonderem Maße auf persönliche Eigenschaften der Akteure basiert (Gastfreundschaft), sollte ein gewisser Dienstleistungscharakter vorhanden sein.
- **betriebliche Voraussetzungen**
  Agrartourismus und die damit einhergehende Einkommensdiversifikation ist meist an kleinstrukturierte Betriebe geknüpft und weniger an größere Agrarbetriebe (BMEL, 2017).
- **Kooperationsbereitschaft**
  Der Tourist nimmt die touristischen Dienstleistungen innerhalb der Dienstleistungskette immer als Bündel wahr. So kommen einzelne Anbieter nicht umhin mit anderen Leistungsträgern in Kontakt zu treten und horizontale, vertikale und laterale Kooperationen zu bilden (Rüdiger & Hanf, 2021).
- **Bereitschaft eigene Angebote zu überdenken**
  Um den wirtschaftlichen Erfolg im Agrartourismus sicherzustellen, sollten Dienstleistungen intervallweise durch das Management überdacht oder neue Produkte eingeführt werden. Dabei sind eine enge Marktanbindung und der bewusste Umgang mit Veränderungen am Markt durch das Management eminent wichtig. Außerdem ist die Bereitschaft von Unternehmen auf Veränderungen innerhalb einer Destination einzugehen, um damit den eigenen wirtschaftlichen Erfolg zu gewährleisten, grundlegend (Rüdiger, 2021a).

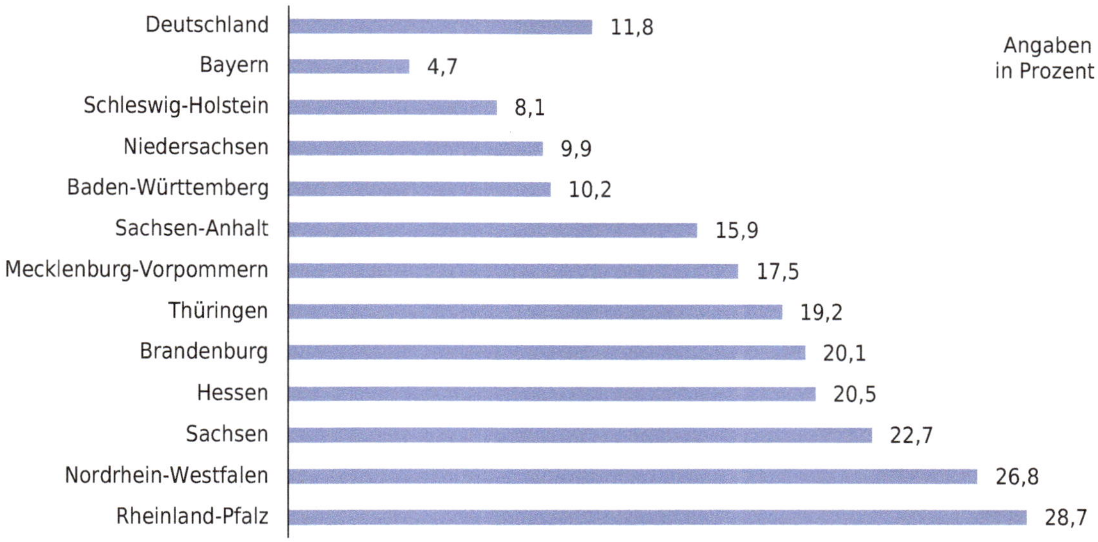

42 | Anteil an Hofcafés und gastronomischen Angeboten auf agrotouristischen Höfen in Deutschland im Jahr 2016 nach Bundesländern

Gastronomische Angebote auf landwirtschaftlichen Betrieben sind sehr unterschiedlich ausgeprägt: Sie reichen von Hofcafés mit Frühstücksangeboten und hausgemachten Kuchen, Weinstuben und Besenwirtschaften über Restaurants mit Produkten aus eigener Schlachtung bis hin zu Schankwirtschaften, Weinstuben oder Restaurants. Etwa 12 Prozent der befragten Betriebe mit einem agrartouristischen Angebot verfügen in Deutschland über ein gastronomisches Angebot. Dabei sind gastronomische Angebote am weitesten in Rheinland-Pfalz und Nordrhein-Westfalen verbreitet (BMEL, 2017).

Beispiel | Erlebnis Allgäuer Käsestaße

Der Verein *Allgäuer Käsestraße e.V.* ist ein Zusammenschluss von verschiedenen Interessengruppen aus Landwirtschaft, Käseproduzenten und Tourismusgemeinden. Ziel des 1997 gegründeten Netzwerks ist es, die bäuerlichen Erzeuger mit ihren Sennereien in der Vermarktung zu unterstützen und Synergien für Gastronomie und Beherbergungsbetriebe zu schaffen. Die Allgäuer Käsestraße positioniert sich hierbei als Genuss- und Urlaubsregion, um die Möglichkeiten der Urlaubsregion Allgäu für die Vermarktung der regional erzeugten Lebensmittel zu nutzen. Im Gegensatz dazu bietet das Angebot an landwirtschaftlichen Direktvermarktern mit Schaukäsereien, Schulungen und Führungen um das Thema Käse ein Angebot für die Urlauber in der Region. Die Vermarktung setzt hier sehr stark auf das Thema Wandern und Kulinarik sowie Genussradfahren.

🔗 www.allgäuer-käsestrasse.de

5.5 Soziale Medien als Marketinginstrument im kulinarischen Tourismus

Soziale Medien haben die Gesellschaft auf allen Ebenen von Politik und Marketing bis hin zu persönlichen Interaktionen nachhaltig verändert (Webster, 2019). Moderne Technologien haben dazu beigetragen, dass Social-Media-Plattformen über tragbare Geräte wie Smartphones und Tablets leicht zugänglich gemacht wurden (Silver et al., 2019) – so auch in den Bereichen der Tourismusindustrie und den einzelnen Schritten des *Customer Journey*. Dabei ist medieninduzierter Tourismus kein neues Phänomen, aber im Gegensatz zu film- und fernsehinduziertem Tourismus sind die Möglichkeiten und Herausforderungen, die mit sozialen Medien verursachendem Tourismus einhergehen, umfangreicher. Die Nutzung von sozialen Medien zeigen sich besonders in der Reiseentscheidung: Die durch einen Nutzer veröffentlichten Bilder oder Reiseberichte beeinflussen maßgeblich andere Nutzer, um sich für eine bestimmet Destination als Reiseziel zu entscheiden (Hooker & Cooper, 2022; Marton et al., 2020). Dabei spielen *Social Media Influencer* eine wichtige Rolle. Sie sind Onlinepersönlichkeiten mit einer großen Anzahl von Anhängern auf einer oder mehreren Social-Media-Plattformen (z. B. YouTube, Instagram, Snapchat oder persönlichen Blogs), die ihre Follower beeinflussen (Agrawal, 2016; Varsamis, 2018). Durch die von Influencern veröffentlichten Bilder werden Follower dazu angeregt, selbst ähnlich gestaltete oder identische Bilder zu veröffentlichen. Social Media stellt mittlerweile für viele Menschen einen integralen Bestandteil ihres Lebens dar (Lexa, 2021). Im Jahr 2022 waren 54 Millionen Menschen in Deutschland auf sozialen Netzwerken aktiv, für 70 Prozent ist dies Teil des Alltags (Bitcom, 2023). Soziale Medien haben damit tiefgreifende Auswirkungen auf den Tourismus und sind so miteinander verbunden, dass dies kaum noch zu trennen ist (Winsky & Zimmermann, 2020).

Instagrammability

Ein wesentliches soziales Netzwerk – besonders in der Generation Z – ist die im Oktober 2010 gestartete Foto- und Videosharing Community *Instagram*, die einen klaren Fokus auf Bildinhalte legt (Faßmann & Moss, 2016). Eine Erhebung zur Verteilung der Altersgruppen der Nutzer von sozialen Medien von ARD und ZDF (2020) in Deutschland zeigt, dass in der Altersstruktur zwischen 14–29-Jährigen Instagram mit 73 Prozent das meistgenutzte soziale Netzwerk in Deutschland ist. In Bezug auf die Reiseaktivität wird besonders für diese Generation Instagram als Reiseinformationsmedium immer wichtiger – ebenso wie die damit einhergehende *Instagrammability* (Hayhurst, 2017; Unger & Grassl, 2020, Schmölz & Medina, 2020; Khamis et al., 2017). Der Begriff sagt aus, wie ein Objekt oder Inhalt für das Hochladen und Veröffentlichen auf Instagram geeignet ist (Dünnebacke, 2021).

Die Auswahl eines Reiseziels erfolgt also danach, ob die Möglichkeit vorhanden ist, Bilder zu erstellen, die für die Veröffentlichung auf Instagram geeignet und attraktiv sind (Dünnebacke, 2021). Für den kulinarischen Tourismus hat dies einen kommunikativen Multiplikationseffekt, der die Marketingkommunikation der Institutionen und Einrichtung vervielfältigen kann und so eine Vermarktungsoption bietet. Um das Phänomen der *Instagrammability* von Unternehmen, Institutionen oder Destinationen in die Marketingstrategie einfließen zu lassen, werden besondere Räumlichkeiten, Settings und Angebote geschaffen, damit sich die Social-Media-Nutzer ablichten lassen können. Bei *instagrammablen Orten* handelt es sich zudem um Landschaften oder Gebiete, welche besonders gut für Bilder geeignet sind (Germelmann et al., 2019). Unger und Grassl (2020) definieren hierfür vier Arten von Insta-Spots:

- *Angel-Wings-Insta-Spots*
- Instagram-Museen
- Restaurants
- natürliche *Insta-Spots*

Das Potenzial durch geschaffene *Insta-Spots* als Möglichkeit der attraktiven Ablichtung und Verwendung als Beitrag auf Instagram, entdecken zunehmend auch immer mehr Restaurants oder gastronomische Einrichtungen für sich. So werden Hintergründe wie z. B. Blumenwände in die Inneneinrichtung integriert und so Teil des Unternehmenskonzeptes.

43 | Blumenwand als Insta-Spot im Café *xoxo hugs&kisses* in Mannheim

Instagrammability zur Unterstützung des kulinarischen Tourismus

Im Rahmen einer empirischen Untersuchung im Jahr 2022 würde der Frage nachgegangen, ob der kulinarische Tourismus von dem Phänomen der Instagrammability profitieren kann (Rüdiger, 2022a). Bei der Frage, welchen Personengruppen oder Nutzer folgen, zeigte sich, dass bei der Mehrfachnennung prioritär engen Freunden, Bekannten und Familienmitgliedern gefolgt wird. Die befragten Personen neigen tendenziell dazu, Accounts zu folgen, deren Besitzer sie persönlich kennen und mit denen sie ein engeres Verhältnis haben. Je geringer der persönliche Bezug ist, umso geringer ist das Interesse an Accounts. Diese Erkenntnis lässt sich zu großen Teilen auch darauf übertragen, von welchen Personengruppen oder Accounts sich die Befragten in ihrer Reiseplanung beeinflussen lassen. Einziger Unterschied bei Influencern und Bloggern: 74,0 Prozent der Generation Z gaben an, Influencern zu folgen, im Gegensatz zu 47,8 Prozent der Generation Y.

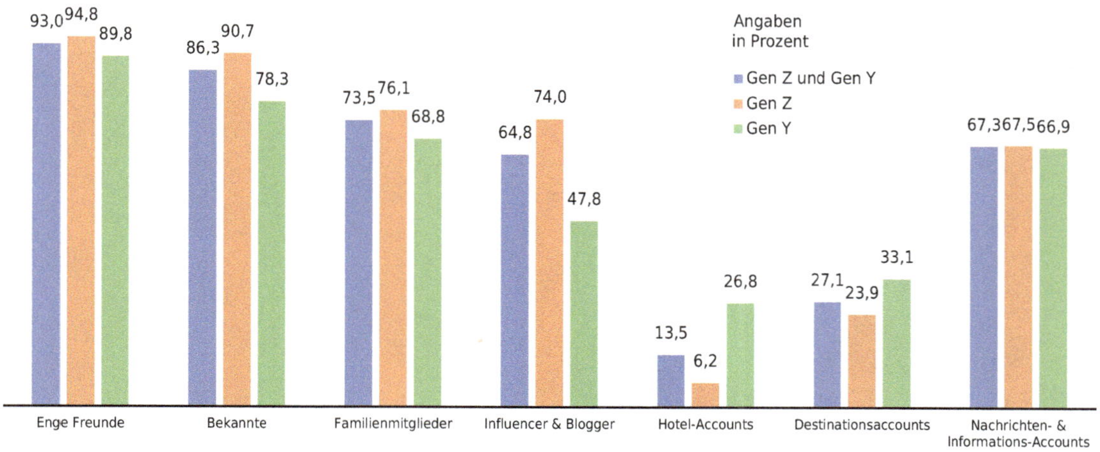

44 | Accounts, denen die Instagram-Nutzer folgen (n = 446)

Bei der Frage, ob die Teilnehmenden die Begrifflichkeit *Insta-Spots* bereits kennen, gaben 64,7 Prozent der Generation Z an, diesen zu kennen. Bei der Generation Y liegt die Kenntnis darüber bei 49,7 Prozent. Die Personengruppen, die Kenntnis über Insta-Spots haben, wurden weiter gefragt, mit welcher Wahrscheinlichkeit sie eine Urlaubsreise dahingehend planen würden, einen bestimmten Insta-Spot zu besuchen. Bei der Generation Z zeigte sich, dass eine Tendenz vorliegt, die Urlaubsplanung an Insta-Spots auszurichten.

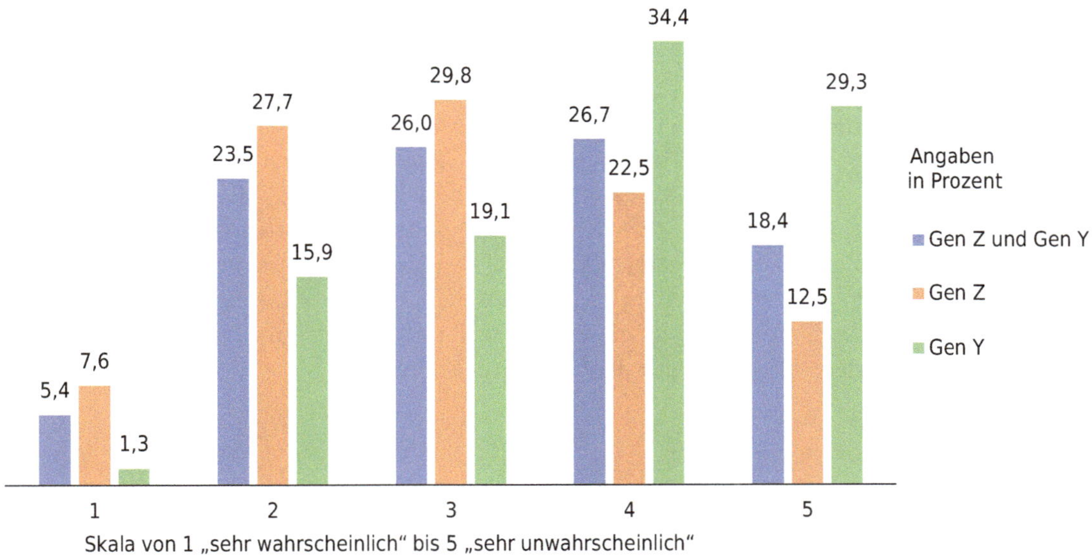

45 | Insta-Spots als Grund für eine Destinationswahl (n = 446)

Ähnliches gilt bei der Frage nach der Wahrscheinlichkeit, ob die Befragten gezielt ein Restaurant besuchen würden, das innerhalb oder außerhalb ihres Restaurants *Selfie-Spots* eingerichtet hat. Auch hier hat die Generation Z gegenüber der Generation Y eine klare Präferenz, solche gastronomischen Einrichtungen aufgrund dieser Infrastruktur zu besuchen.

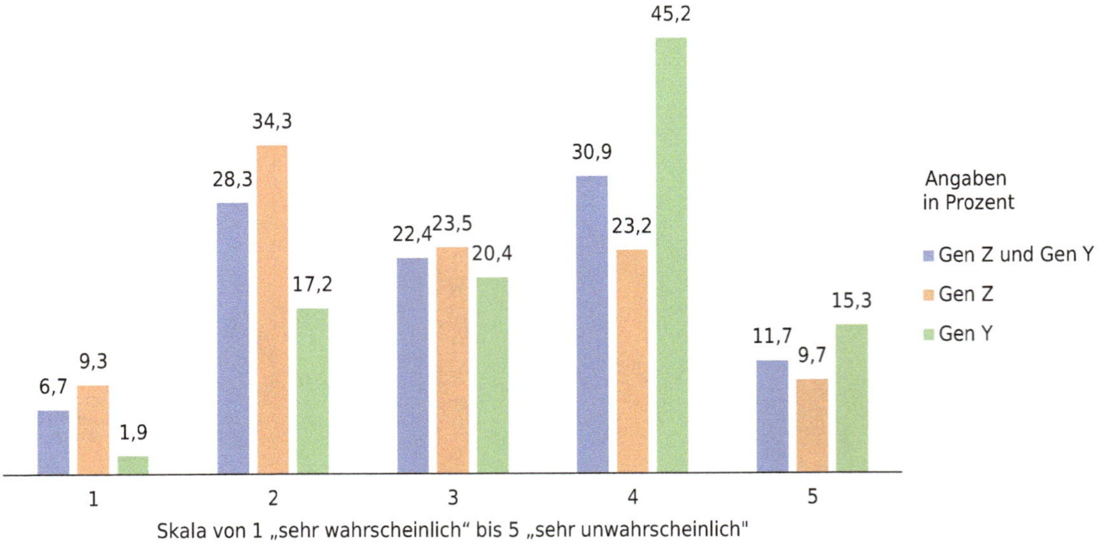

46 | Wahrscheinlichkeit ein Insta-Restaurant zu besuchen (n = 446)

Auch beim kulinarischen Tourismus besteht folglich eine sich entwickelnde Beeinflussung durch soziale Medien. Diese verändern zunehmend den Prozess der Reiseentscheidung. Neben der direkten Suche auf Onlineportalen, erhalten Reisende vermehrt die Möglichkeit, Informationen durch nutzergenerierte Inhalte über soziale Medien zu erhalten. Infolgedessen werden soziale Netzwerke im touristischen Entscheidungsprozess immer wichtiger. Als eines der sozialen Netzwerke spielt bei der Generation Z vorrangig Instagram eine maßgebliche Rolle. Die Nutzung externer Quellen – vor allem auch die Empfehlungen Dritter (Freunde, Familie, Experten) – kommt bei jeder Kaufentscheidung eine entscheidende Rolle zu (Poppe & Gampfer, 2022). Touristische Accounts werden dabei vorrangig bei der Generation Y genutzt, Influencer bei der Generation Z. Das *electronic Word of Mouth* wird in der digitalen Welt (*eWoM*) (Poppe & Gampfer, 2022) bei den Konsumenten immer wichtiger. Kulinarischer Tourismus und vorrangig lokale Gastronomie kann vom Phänomen der Instagrammability partizipieren, um neue Zielgruppen vor allem der Generation Z für sich zu gewinnen. Die Entscheidung eines Gastes für ein Restaurants liegt damit nicht mehr allein in der Qualität der Speisen, sondern auch im Ambiente, Image und individuellem Lifestyle der Gäste begründet (Gruner et al., 2014).

Literatur

ADFC – Allgemeiner Deutscher Fahrrad-Club (2023): ADFC-Radreiseanalyse. URL: www.adfc.de/filead min/user_upload/Expertenbereich/Touristik_und_Hotellerie/Radreiseanalyse/Radreiseanalyse_2023_Pr aesentation.pdf. Abgerufen am 12.03.2023.

Agrawal, A.J. (2016): Why influencer marketing will explode in 2017. URL: www.forbes.com/sites/ajagrawa l/2016/12/27/why-influencer-marketing-will-explode-in-2017/#3bfaf85c20a9. Abgerufen am 09.11.2022.

AMA-Marketing GesmbH (2019): Strategie Kulinarik Österreich. URL: b2b.amainfo.at/kulinarik. Abgerufen am 05.08.2023.

Andéhn, M. & Berg, P.O. (2011): Place of origin effects – From nations to cities: A conceptual framework based on a literature review. Vortrag an der 2nd Place Branding Conference, Bogotá, Colombia.

Andersson, T. D. & Mossberg, L. (2004): The dining experience: Do restaurants satisfy customer needs? Food Service Technology, 4(4), S. 171–177.

Anelich, L. (2014): Foodborne Diseases: Prevalence of Foodborne Diseases in Africa. In: Encyclopedia of Food Safety, S. 262–275.

Antz, Ch. (2007): Spiritueller Tourismus. In: Egger, R. & Herdin, Th. (Hrsg.): Tourismus: Herausforderung: Zukunft. Berlin. Wien. LIT Verlag. S. 113–126.

Antz, Ch. (2020): Geschichte des Kulturtourismus. In: Dreyer, A. & Antz, Ch. (Hrsg.): Kulturtourismus. De Gruyter Oldenbourg. S. 1–28.

ARD & ZDF (2020): Anteil der Nutzer von Social-Media-Plattformen nach Alter in Deutschland 2020. In: Statista. URL: de.statista.com/statistik/daten/studie/543605/umfrage/verteilung-der-nutzervon-social-media-plattformen-nach-altersgruppen-in-deutschland. Abgerufen am 09.11.2022.

baden-wuerttemberg.de (2014): Badische Weinstraße wird längste Weinroute Deutschlands. URL: www.bad en-wuerttemberg.de/de/service/alle-meldungen/meldung/pid/badische-weinstrasse-wird-laengste-wein route-deutschlands. Abgerufen am 02.08.2023.

Balderas-Cejudo, A.; Patterson, I. & Leeson, G. W. (2019): Senior Foodies: A developing niche market in gastronomic tourism. International Journal of Gastronomy and Food Science, 16, 100152.

Bartsch, S. & Brandstätter, J. (2013): Erlebnisküche – eine Inspirationsquelle für die Fachpraxis Ernährung?! Haushalt in Bildung & Forschung, 2(4), S. 61–71.

Batat, W. (2021): The role of luxury gastronomy in culinary tourism: An ethnographic study of Michelin-Starred restaurants in France. International Journal of Tourism Research 23 (2), S. 150–163.

Bauer-Krösbacher, C.; Stöckl, A. & Tischler, S. (2017): Die kulinarische Attraktivität des Reiselandes Österreich: Selbstbild vs. Aussensicht. In: Wagner, D.; Mair, M., Stöckl, A. & Dreyer, A. (Hrsg.): Kulinarischer Tourismus und Weintourismus. Culinary and Wine Tourism Conference 2015. Springer Fachmedien Wiesbaden, S. 125–134. Springer/Gabler.

BBSR – Bundesamt für Bauwesen und Raumordnung (2023): Raumabgrenzungen. URL: www.bbsr.bund.de /BBSR/DE/forschung/raumbeobachtung/Raumabgrenzungen/raumabgrenzungen-uebersicht.html. Abgerufen am 15.03.2023.

Behrens-Egge, M. & Baruschke, M. (2019): Naturerlebnisse: Ausprägungen, Angebote, Nachfrage, Beispiele. In: Rein, H., & Schuler, A. (Hrsg.): Naturtourismus. utb GmbH.

Berg, P.O. & Östberg, J. (2008): Positioning place in global space: Metropolitan branding strategies in Northern Europe. Vortrag bei der Scancor 2nd Anniversary Conference, Scancor, Stanford, CA.

Berg, P.O. & Sevon, G. (2015): Food-branding places – A sensory perspective. In: Place Branding and Public Diplomacy 0 (0), S. 1–16.

Beritelli, P. & Bieger, Th. (2013): Management von Destinationen. 8. Aufl. München: De Gruyter Oldenbourg (Lehr- und Handbücher zu Tourismus, Verkehr und Freizeit).

Binder, P.; Fritz, K.-P. & Pöchacker, J. (2021): Kenne deinen Gast: Segmentierung von Wiener Kaffeehausgästen anhand der „culinary experience" am Beispiel eines traditionellen Familienbetriebs. In: Rüdiger, J.; Wagner, D.; Dreyer, A. & Stöckl, A. (Hrsg.): Kulinarischer Tourismus und Weintourismus – Culinary and Wine Tourism Conference 2020, Springer Gabler, Wiesbaden, 2021, S. 35–56.

Bitcom (2023): Mehr als 50 Millionen Deutsche nutzen soziale Medien. URL: www.bitkom.org/Presse/Presseinformation/Mehr-als-50-Millionen-Deutsche-nutzen-soziale-Medien. Abgerufen am 10.11.2022.

Björk, P. & Kauppinen-Räisänen, H. (2016): Exploring the multi-dimensionality of travellers' culinary-gastronomic experiences. Current Issues in Tourism, 19(12), S. 1260–1280.

BMEL – Bundesministerium für Ernährung und Landwirtschaft (2014): Ländliche Entwicklung aktiv gestalten – Leitfaden, Berlin.
URL: .bmel.de/SharedDocs/Downloads/DE/_laendliche-Regionen/LeitfadenIntegrierteLaendlicheEntwicklung.pdf;jsessionid=830314B0BEB932FD151577E9F61EAC4E.internet2852?__blob=publicationFile&v=2. Abgerufen am 15.03.2023.

BMEL – Bundesministerium für Ernährung und Landwirtschaft (2017): Urlaub auf dem Bauernhof – Analyse der Ist-Situation und des Marktpotentials im Agrotourismus.

BMEL – Bundesministerium für Ernährung und Landwirtschaft (2018): Ländliche Regionen verstehen – Fakten und Hintergründe zum Leben und Arbeiten in ländlichen Regionen. URL: www.bmel.de/SharedDocs/ Downloads/Broschueren/LR-verstehen.pdf. Abgerufen am 15.03.2023.

BMEL – Bundesministerium für Ernährung und Landwirtschaft (2020): Schutz von geografischen Herkunftsangaben und traditionellen Spezialitäten. URL: www.bmel.de/DE/themen/landwirtschaft/agrarmaerkte/geschuetzte-bezeichnungen.html#:~:text=und%20traditionellen%20Spezialit%C3%A4ten-,Schutz%20von%20geografischen%20Herkunftsangaben%20und%20traditionellen%20Spezialit%C3%A4ten,sie%20sind%20auch%20besonders%20gesch%C3%BCtzt. Abgerufen am 12.01.2023.

BMEL – Bundesministerium für Ernährung und Landwirtschaft (2022): Ländliche Regionen im Fokus – Fakten und Hintergründe. URL: www.bmel.de/SharedDocs/Downloads/DE/Broschueren/laendliche-regionen-im-fokus.pdf?__blob=publicationFile;;v=18. Abgerufen am 12.01.2023.

BMWi – Bundesministerium für Wirtschaft und Technologie (2009): Grundlagenuntersuchung Fahrradtourismus in Deutschland. Langfassung. Berlin. URL: www.bayernbike.de/cms/upload/content/tickermeldungen/dokumente/dtv_langversion.pdf. Abgerufen am 25.02.2023.

BMWi – Bundesministerium für Wirtschaft und Technologie (2010): Grundlagenuntersuchung Freizeit- und Urlaubsmarkt Wandern. Langfassung. Berlin. URL: www.wanderverband.de/Resources/Persistent/a9df11c5994052e1e42b4ef12a547414ca1f0179/BMWI_Grundlagenuntersuchung.pdf. Abgerufen am 28.02.2023.

Bourgogne-Franche-Comté Tourisme (2023): Die Route des Grands Crus de Bourgogne. URL: www.burgund-tourismus.com/burgund-entdecken/burgund-das-land-der-reben-und-weinberge/die-weinberge-des-burgund-freizeitspass-fuer-alle/6-weinstrassen-in-burgund-weinberge-kellereien-und-kulturerbe/die-route-des-grands-crus-de-bourgogne/. Abgerufen am 02.08.2023.

Bredeck, L. & Kastrup, J. (2020): Elemente der Erlebnisgastronomie im fachpraktischen Unterricht gastgewerblicher Ausbildungsberufe. HiBiFo–Haushalt in Bildung und Forschung, 9(2), S. 17–18.

Brida, J. G.; Disegna, M. & Osti, L. (2013): The effect of authenticity on visitors expenditure at cultural events. Current Issues in Tourism, 16, S. 266–285 .

Bruwer, J. (2003): South African wine routes: Some perspectives on the wine tourism industry's structural dimensions and wine tourism product. Tourism Management, 24, 423–435.

Bundesministerium der Justiz und für Verbraucherschutz (o. J.): § 14 Gaststättengesetz (Straußwirtschaften). URL: www.gesetze-im-internet.de/gastg/__14.html. Abgerufen am 24.01.2023.

Bundesministerium für Nachhaltigkeit und Tourismus (2019): Netzwerk Kulinarik. URL: info.bml.gv.at/themen/lebensmittel/regionale-lebensmittel-initiativen/netzwerk-kulinarik/das-netzwerk-kulinarik.html#:~:text=Strategie%20Kulinarik&text=Es%20beinhaltet%20das%20staatlich%20anerkannte,engen%20Zusammenarbeit%20entlang%20der%20Wertsch%C3%B6pfungskette. Abgerufen am 05.08.2023.

Bundesvereinigung der Deutschen Ernährungsindustrie e. V. (2022): Jahresbericht 2021/2022. URL: www.bve-online.de/download/bve-jahresbericht-ernaehrungsindustrie-2022. Abgerufen am 15.03.2023.

Byrkjeflot, H.; Strandgaard Pedersen, J. & Svejenova, S. (2013): From label to practice: The process of creating new nordic cuisine. Journal of Culinary Science & Technology, 11, S. 36–55.

Candelo, E.; Casalegno, C.; Civera, C. & Büchi, G. A (2019): Ticket to Coffee: Stakeholder View and Theoretical Framework of Coffee Tourism Benefits. Tourism Analysis 2019, 24, S. 329–340.

Canny, I.U. (2014): Measuring the mediating role of dining experience attributes on customer satisfaction and its impact on behavioral intentions of casual dining restaurant in Jakarta. Interntional Journal of Innovation, Management and Technology, 5(1), S. 25–29.

Castéran, H. & Roederer, C. (2013): Does authenticity really affect behavior? The case of the Strausbourg Christmas market. Tourism Management 36, S. 153–163.

Chandralal, L. & Valenzuela, F.-R. (2015): Memorable Tourism Experiences: Scale Development. Contemporary Management Research 11 (3), S. 291.

Chang, R.C.; Kivela, J. & Mak, A.H. (2010): Food preferences of Chinese tourists. Annals of tourism research, 37(4), S. 989–1011.

Christaller, W. (1955): Beiträge zu einer Geographie des Fremdenverkehrs (Contributions to a Geography of the Tourist Trade). Erdkunde, S. 1–19.

Cianflone, E.; Bella, G.D. & Dugo, G. (2013): Preliminary insights on British travellers‘ accounts of Sicilian oranges. Tourismos: An International Multidisciplinary Journal of Tourism, 8(2), S. 341–347.

Cittaslow Deutschland (2023): Bewusstes Leben im Zeichen der Schnecke. URL: www.cittaslow.de/geschichte.html. Abgerufen am 16.04.2023.

Civera, C. (2018): Integrated company responsibility in the food and beverage industry. Giappichelli, Italy.

Craftplaces (2023):...und am siebten Tag erschuf Gott den Foodtruck - Die Geschichte, wie der Foodtruck entstand. URL: www.craftplaces.com/de/details/artikel/szene/chuckwagon-imbiss-wagen-food-truck-usa. Abgerufen am 26.03.2023.

Croce, E. & Perri, G. (2010): Food and wine tourism. Wallingford: CABI.

Demhardt, I. J. (2000): Verkehrslinien als touristische Attraktionen. In: Nationalatlas Bundesrepublik Deutschland. Hrsg.: Institut für Länderkunde Leipzig. Heidelberg/Berlin, S. 64 - 67. URL: archiv.nationalatlas.de/wp-content/art_pdf/Band10_64-67_archiv.pdf. Abgerufen am 01.08.2023.

Deutschen Schaustellerbund e. V. (2009): Deutsche Weihnachtsmärkte: Wirtschaftskraft und Brauchtumspflege. URL: www.dsbev.de/aktuelles/meldungen/meldung/news/deutsche-weihnachtsmaerkte-wirtschaftskraft-und-brauchtumspflege/?tx_news_pi1%5Bcontroller%5D=News;;tx_news_pi1%5Baction%5D=detail&cHash=44abbba89083bb91ce85f68124756dfb. Abgerufen am 02.03.2023.

Deutscher Reiseverband (2022): Der deutsche Reisemarkt. URL: www.drv.de/public/Downloads_2022/22-03-07_DRV_ZahlenFakten_Digital_2021_DE_final.pdf. Abgerufen am 29.09.2022.

Deutscher Wanderverband (2021): Wanderboom positiv lenken. URL: www.wanderverband.de/presse/pressemeldungen/wanderboom-positiv-lenken. Abgerufen am 25.02.2023.

Deutsches Weininstitut (o. J.): Straußwirtschaften. URL: www.deutscheweine.de/tourismus/strausswirtschaften/. Abgerufen am 24.01.2023.

Dreyer, A. (2021): Reisen zum Wein. Weintourismus zwischen Reben Vinotheken und Kultur (Tourism Now). München, UVK Verlag, Tübingen.

Dreyer, A.; Menzel, A. & M. Endress (2010): Wandertourismus. Kundengruppen, Destinationsmarketing, Gesundheitsaspekte. München: Oldenbourg Wissenschaftlicher Verlag GmbH.

Dreyer, A.; Mühlnickel, R. & Miglbauer, E. (2012): Radtourismus: Entwicklungen, Potentiale, Perspektiven. Walter de Gruyter.

Dreyer, A.; Ratz, J. & Berauer, J. (2015): Weintourismus – Marketing für Weinregionen und Winzer. In: Schriftenreihe Dienstleistungsmanagement: Tourismus, Sport, Kultur. ITD-Verlag, Elmsholm.

DTV Deutscher Tourismusverband e. V. (2022): Zahlen Daten Fakten 22 – Das Tourismusjahr 2021 im Rückblick. URL: www.deutschertourismusverband.de/fileadmin/Mediendatenbank/Bilder/Presse/ZDF_2022.pdf. Abgerufen am 25.02.2023.

DTV Deutscher Tourismusverband e. V. (2017): Qualitätskriterien für deutsche Ferienstrassen. URL: https://www.deutschertourismusverband.de/fileadmin/Mediendatenbank/Bilder/Logos/Logos_Ferienstrassen/Qualitaetskriterien_fuer_Deutsche_Ferienstrassen_170124.pdf. Abgerufen am 01.08.2023.

Dünnebacke, T. (2021): Design wichtiger als Naturschutz. Lebensmittel Praxis, 12, 77. URL: lebensmittelpraxis.de/getraenke/31267-getraenke-design-vor-naturschutz.html. Abgerufen am 10.11.2022.

Eilzer, Ch. (2021): Kreuz und quer durch Deutschland. In Tourismusatlas Deutschland. UVK Verlagsgesellschaft, S. 54–55.

Eilzer, Ch. & Harms, T. (2022): Neues aus der Wandercommunity – das Wanderverhalten der Deutschen in Zeiten der Covid-19-Pandemie. In: Thiele, F. & Quack, H.-D. (Hrsg): Wandern in Krisenzeiten (S. 11–31). Erich Schmidt Verlag GmbH & Co. KG, Berlin.

Eisenstein, B. (2013): Grundlagen des Destinationsmanagements. Walter de Gruyter.

Eisenstein, B.; Kampen, J. & Reif, J. (2020): Städtetoursmus. In: Dreyer, A. & Antz, Ch. (Hrsg.): Kulturtourismus. De Gruyter Oldenbourg. S. 105–114.

Eitzenberger, J.; Rose, L.M.; Rose, S. & Warter, C. (2014): Forschung Kulinarischer Tourismus: Ergebnisse des Autorenkollektivs. URL: http://kulinarischer-tourismus.de/forschungsergebnisse. Abgerufen am 26.02.2023.

Ellis, A.; Park, E.; Kim, S. & Yeoman, I. (2018): What is food tourism?. Tourism management, 68, S. 250–263.

Endres, E.M. (2012): Slow Food. Genussrevolte: Von der Diät zu einer neuen Esskultur, S. 67–85. Springer: Wiesbaden.

Engelhardt, S. (2022): Ab in den Wald – Sterne, Schmaus und Schotter. In: Baiersbronn Magazin. URL: www.baiersbronn-magazin.de/gravelbike-baiersbronn-sterne-schmaus-und-schotter. Abgerufen am 22.02.2023.

ETI (2007): Regionalwirtschaftliche Effekte des Radtourismus in Rheinland-Pfalz. Trier. URL: backend.orlis.difu.de/server/api/core/bitstreams/ac825f56-a170-4a4a-a8a7-b63db63a0445/content. Abgerufen am 15.03.2023.

Europäische Kommission (2023): eAmbrosia das EU-Register der geografischen Angaben. URL: ec.europa.eu/info/food-farming-fisheries/food-safety-and-quality/certification/quality-labels/geographical-indications-register/

European Beer Trends (2022): EUROPEAN BEER TRENDS STATISTICS REPORT – 2022 EDITION. URL: brewersofeurope.org/uploads/mycms-files/documents/publications/2022/european-beer-trends-2022.pdf

Everett, S. (2016): Food and Drink Tourism: Principles and Practice. London: Sage.

Fan, J. (2013): Can ideas about food inspire real social change? The case of Peruvian gastronomy. Gastronomica: The Journal of Food.

Faßmann, M. & Moss, Ch. (2016): Instagram als Marketing-Kanal: Die Positionierung ausgewählter Social-Media-Plattformen. Essentials. Wiesbaden: Springer VS.

Feineis, V. & Peters, J.E. (2015): Qualitätskriterien kulinarischer Stadtführungen. In: Freericks, R. & Brinkmann, D. (Hrsg): Die Stadt als Kultur- und Erlebnisraum. IFKA, Bremen, S. 189–216.

Fields, K. (2002): Demand for the gastronomy tourism product: motivational factors. In: Hjalager A.M. & Richards, G. (Hrsg): Tourism and gastronomy. Routledge, London, S 36–50.

Foiera, R. (1983): Bauernhoftourismus: Tourismus im ländlichen Raum und in wirtschaftlichen Randgebieten der Schweiz; Analyse und Entwicklungskonzept aus betriebs- und volkswirtschaftlicher Sicht. Schulthess.

Fountain, J. & Charters, S. (2010): „Generation Y as wine tourists: their expectations and experiences at the winery cellar door“. In: Beckendorff, P.; Moscardo, G. & Pendergast, D. (Hrsg.): Tourism and Generation Y, CABI, Wallingford, Oxford, UK, S. 47–57.

Freyer, W. (2015): Tourismus. Einführung in die Fremdenverkehrsökonomie. 11., überarbeitete und aktualisierte Auflage. Berlin, Boston: De Gruyter Oldenbourg (Lehr- und Handbücher zu Tourismus, Verkehr und Freizeit).

Freyer, W. (2006): Tourismus. Einführung in die Fremdenverkehrsökonomie, Lehr- und Handbücher zu Tourismus, Verkehr und Freizeit, 8. Auflage.

Gauci, A.; Gerosa, V. & Mwalwanda, C. (2002): Tourism in Africa and the multilateral trading system: Challenges and opportunities. A background paper for the Economic Commission for Africa.

Germelmann, C. C.; Huber, M. & Neder, P. (2019): Homo Digitalis und seine Rituale: Von digitalen Höhlen und Geschichten am E-Lagerfeuer. Zeitschrift für Kommunikation & Markenmanagement, 65(2), S. 24–30.

Getz, D.; Robinson, R.; Andersson, T. & Vujicic, S. (2014): Foodies and food tourism. Goodfellow Publishers Ltd.

Gillner, P. (2021): Marketing Intelligence Analyse im deutschen Kochboxen-Markt. Springer Gabler, Wiesbaden.

Görtz, C. (2010): Mehr Umsatz durch Marketing-Kooperationen: Die günstigste und schnellste Strategie, um neue Kunden zu gewinnen. Gabal Verlag GmbH.

Hartmann, R. (2018): Marketing in Tourismus und Freizeit. München: UKV.

Gruner, A.; von Freyberg, B. & Phebey, K. (2014): Erlebnisse schaffen in Hotellerie und Gastronomie. Matthaes Verlag.

Guggenberger, N. (2019): Konzept Sommertourismus im Klimawandel. Herausgeber: Klimawandel AnpassungsModell Region KLAR! Pongau. URL: klar.pongau.org/wp-content/uploads/2020/04/Super-Klima-Sommertourismuskonzept-3.pdf. Abgerufen am 06.01.2023.

Guide Michelin (2023): Restaurants. URL: www.guide.michelin.com/de/de/restaurants. Abgerufen am 28.08.2023.

Hall, C.M.; Müller, D.K. & Saarinen, J. (2009): Nordic Tourism: Issues and Cases. Bristol, Buffalo, Toronto (= Aspects of Tourism 36).

Hall, C.M. & Macionis, N. (1998): Wine tourism in Australia and New Zealand. In: Butler, R.; Hall, C.M. & Jenkins, J. (Hrsg.): Tourism and Recreation in Rural Areas. Internet, URL: www.academia.edu/163165/Wine_tourism_in_New_Zealand. Abgerufen am 24.09.2022.

Hall, C.M. & Sharples, L. (2003): The consumption of experiences or the experiences of consumption? An introduction to the tourism of taste. In: Hall C.M.; Sharples, L. Mitchell; R. Macionis, N. & Cambourne, B. (Hrsg.) Food tourism. Around the world. Development, management and markets. Butterworth Heinemann, Oxford.

Hall, C.M.; Johnson, G.R.; Cambourne, B.; Macionis, N.; Mitchell, R.D. & Sharples, E. (2000): Wine tourism: an introduction. In: Hall, C.M.; Sharples, E.; Cambourne, B. & Macionis, N. (Hrsg): Wine and Tourism Around the World: Development, Management and Markets. Butterworth Heinemann, Oxford, UK, S. 1–23.

Hall, C.M.; Sharples, L; Mitchell, R.; Macionis, N. & Cambourne, B. (Hrsg.) (2003): Food tourism. Around the world. Development, management and markets. Butterworth Heinemann, Oxford.

Han, H. & Ryu, K. (2009): The roles of the physical environment, price perception, and customer satisfaction in determining customer loyalty in the restaurant industry. Journal of hospitality and tourism research, 33(4), S. 487–510.

Harms, T. & Köchling A. (2021): Reisen auf den Spuren kulinarischer Genüsse. In Tourismusatlas Deutschland, S. 116. UVK Verlagsgesellschaft.

Harms, T.; Follmann, D.; Deppe, B., & Kabalawi, S. (2013): Die Kultur-und Weinbotschafter der Mosel-Ein erlebnistouristisches Produkt mit Zukunft?. Wein und Tourismus, 42.

Harrington, R.J. & Ottenbacher, M.C. (2013): Managing the culinary innovation process: The case of new product development. Journal of Culinary Science & Technology, 11(1), S. 4–18.

Hausmann, A. (2019): Einführung in den Kulturtourismus. Praxis Kulturmanagement. Wiesbaden: Springer.

Hausmann, A., & Murzik, L. (2011): Neue Impulse im Kulturtourismus. Springer-Verlag, S. 7.

Hayhurst, L. (2017): Survey highlights Instagram as key factor in destination choice among millennials. URL: www.travolution.com/articles/102216/survey-highlights-instagram-as-key-factor-in-destinationc hoice-among-millennials. Abgerufen am 12.11.2022.

Hayn, D., Empacher, C. & Halbes, S. (2005): Ernährungswende. Trends und Entwicklungen von Ernährung im Alltag. Ergebnisse einer Literaturrecherche. Materialband Nr. 2. Frankfurt am Main.

Heide, M. & Grønhaug, K. (2009): Key factors in guests' perception of hotel atmosphere. Cornell Hospitality Quarterly, 50(1), S. 29–43.

Helmig, B.; Huber, J.A. & Leeflang, P.S.H. (2008): Co-Branding. The state of the art, in: Schmalenbach business review, 60, 4, S. 359–377.

Hemmerling, S.; Schütz, K.; Krestel, N.; Zühlsdorf, A. & Spiller, A. (2016): Trendsegment Foodies. Die neue Leidenschaft für Lebensmittel. Ergebnisse einer Zielgruppenanalyse für den deutschen Lebensmittelmarkt, Kommentiertes Chartbook zur empirischen Studie, Göttingen. URL: www.uni-goettingen.d e/de/document/download/88a8b8a25446d11108fd885d3fae3c0e.pdf/Chartbook%20Foodie%20Studie.pdf. Abgerufen am 24.02.2023.

Hemmi, N. & Brombach, C. (2020): Kochen und essen während des Lockdowns. Ernährungs Umschau, URL: www.ernaehrungs-umschau.de/print-news/13-08-2020-kochen-und-essen-waehrend-des-lockdow ns. Abgerufen am 17.09.2022.

Henderson, J. C. (2009): Food tourism reviewed. British Food Journal, 111(4), S. 317–326.

Henschel, U.K.; Gruner, A. & von Freyberg, B. (2013): Hotelmanagement. 4. Auflage, München.

Hochuli, A.; Huber, M. & Hofstetter, P. (2016a): Innovative Geschäftsmodelle für den Schweizer Agrotourismus. URL: arbor.bfh.ch/6594/1/bbzn_lw_beratung_2016_handbuch_agrotourismus.pdf. Abgerufen am 05.03.2023.

Hochuli, A.; Huber, M. & Hofstetter, P. (2016b): Kundensegmente im Agrotourismus. URL: file:///C:/Users/ASUS/Desktop/Kulinarischer%20Tourismus/Agrar/Zielgruppen.pdf. Abgerufen am 05.03.2023.

Hooker, A. M. & Cooper, K. E. (2022): Insta-spiration Sweeping the Nation: The Influence of Instagram on Intention to Travel to Yellowstone National Park. The Review of Socionetwork Strategies, S. 1–24.

Hoppe, T. (2010): Der ländliche Raum im 21. Jahrhundert–Neubewertung einer unterschätzten Raumkategorie. Ein methodischer und regionaler Beitrag zur Kulturlandschaftsforschung und Raumplanung am Beispiel Schleswig-Holstein. Norderstedt: Books on Demand.

Hoppmann, D.; Schaller, K. & Stoll, M. (2017): Terroir. Wetter, Klima und Boden im Weinbau. 2., aktualisierte Auflage. Stuttgart (Hohenheim): Ulmer (Rebe & Wein).

Horng, J.-S., & Tsai, C.-T. (2010): Government websites for promoting East Asian culinary tourism: A cross-national analysis. Tourism Management, 31, S. 74–85.

Huber, J.-A. (2005): Co-Branding als Strategieoption der Markenpolitik, Wiesbaden: Gabler.

Ignatov, E. & Smith, S. (2006): Segmenting Canadian Culinary Tourists." Current Issues in Tourism 5 (3), S. 235–255.

Jang, S.S. & Namkung, Y. (2009): Perceived quality, emotions, and behavioral intentions: Application of an extended Mehrabian–Russell model to restaurants. Journal of Business research, 62(4), S. 451–460.

Jiménez Beltrán, J.; López-Guzmán, T. & Santa-Cruz, F.G. (2016): Gastronomy and tourism: Profile and motivation of international tourism in the city of Cordoba. Journal of Culinary Science & Technology, 14(4), S. 347–362.

Job, H.; Merlin, C.; Metzler, D.; Schamel, J. & Woltering, M. (2016): Regionalwirtschaftliche Effekte durch Naturtourismus. Bonn-Bad Godesberg. URL: www.bfn.de/fileadmin/BfN/service/Dokumente/skripten/Skript431.pdf. Abgerufen am 13.03.2023.

Jolliffe, L. (2010): Coffee culture, destinations and tourism (Vol. 24). Bristol, UK: Channel View Publications.

Josten, B. (2020): Spezialitätenrestaurants – Merkmale, Formen und Angebote. URL: www.paradisi.de/ausgehen/spezialitaetenrestaurant. Abgerufen am 15.03.2023.

Kagermeier, A. (2008): Städtetourismus zwischen Kultur und Kommerz. Grundlagen zu einem sich dynamisch entwickelnden touristischen Angebotssegment. In: Freytag, T.; & Kagermeier, A. (Hrsg.): Städtetourismus zwischen Kultur und Kommerz. München/Wien, S. 13–24 (= Studien zur Freizeit- und Tourismusforschung 1).

Kagermeier, A. (2011a): Mit allen Sinnen genießen – Kulinarik als ergänzende Dimension erlebnisorientierter Produktinszenierung. In: Kagermeier, A. & Reeh, Th. (Hrsg.): Trends, Herausforderungen und Perspektiven für die tourismusgeographische Forschung. Mannheim 2011, S. 51–72 (= Studien zur Freizeit und Tourismusforschung, 3).

Kagermeier, A. (2011b): Implikationen der sich abzeichnenden Reifephase für die Angebotsgestaltung im Fahrradtourismus. In: Gronau, W. (Hrsg.): Zukunftsfähiger Tourismus – Innovation und Kooperation. Mannheim 2011, S. 59–80 (= Studien zur Freizeit- und Tourismusforschung, Bd. 6).

Khamis, S.; Ang, L. & Welling, R. (2017): Self-branding, „micro-celebrity" and the rise of Social Media Influencers. Celebrity Studies, 8(2), S. 191–208.

Kim, Y.H. (2014): The Antecedents of Memorable Tourism Experiences: The Development of a Scale to Measure the Destination Attributes Associated with Memorable Experiences. Tourism Management 44, S. 34–45.

Kim, Y.H.; Yuan, J.; Goh, B.K. & Antun, J.M. (2009): Web Marketing in Food Tourism: a content analysis of web sites in West Texas. J. Culinary Sci. Technol. 7 (1), S. 52–64.

Kivela, J. & Crotts, J. (2006): Tourism and gastronomy: gastronomy's influence on how tourists experience a destination. Journal of Hospitality and Tourism Research 30 (3), S. 354–377.

Klein, A. & Rein, H. (2014): Die Bedeutung regionaler Produkte bei der touristischen Entwicklung am Beispiel von Lesbos (Griechenland). Zeitschrift für Tourismuswissenschaft, 6(1), S. 107–112.

Kreikebaum, H. (1997): Strategische Unternehmensplanung, Stuttgart, Kohlhammer 1997.

Lane, C. (2014): The cultivation of taste. Chefs and the organization of fine dining. Oxford: Oxford University Press.

Lehmeier, H. (2015): Warum immer Tourismus. Isomorphe Strategien in der Regionalentwicklung. Bamberger Geogr. Schriften, 26.

Lexa, C. (2021): Social Media. Fit für die digitale Zukunft: Trends der digitalen Revolution und welche Kompetenzen Sie dafür brauchen, S. 75–77.

Lin, L. & Mao, P. C. (2015): Food for memories and culture – A content analysis study of food specialties and souvenirs. Journal of Hospitality and Tourism Management, 22, S. 19–29.

Lohmann, M. & Mundt, J. W. (2013): Die Schokoladenseite des Tourismus. In: Quack, H.-D. & Klemm, K. (Hrsg.): Kulturtourismus zu Beginn des 21. Jahrhunderts. Oldenburg Wissenschaftsverlag, S. 63–78.

Long, L.M. (2012): Culinary tourism. In: Pilcher, J.M. (Hrsg): The Oxford handbook of food history. Oxford University Press, Oxford, S. 389–406.

Magnini, V. P. & Thelen, S.T. (2008): The Influence of Music on Perceptions of Brand Personality, Décor, and Service Quality: The Case of Classical Music in a Fine-Dining Restaurant. Journal of Hospitality and Leisure Marketing 16 (3): S. 286–300.

Maletzke, G. (1996): In einer fremden Kultur. Interkulturelle Kommunikation: Zur Interaktion zwischen Menschen verschiedener Kulturen, S. 128–174.

Mănilă, M. (2012): Wine tourism – a great tourism offer face to new challenges, Journal of tourism, Nr. 13, S. 54–60.

Marton, Z.; Ernszt, I. & Birkner, Z. (2020): Holidays to the Hells of Earth – Taking Risk as a Dark Tourist? DETUROPE – The Central European Journal of Regional Development and Tourism, 12 (1), S. 136–153.

Mayer, H. & Knox, P.L. (2009): Kleinstädte und Nachhaltigkeit. Konzept für Wirtschaft, Umwelt und soziales Leben. Basel: Birkhäuser Verlag.

Merlin, C. (2017): Tourismus und nachhaltige Regionalentwicklung in deutschen Biosphärenreservaten. Würzburg. Würzburger geographische Arbeiten 118. Würzburg.

Mertesdorf, A. (2003): Straußenwirtschaften als touristisches Angebot, Materialien zur Fremdenverkehrsgeografie Heft 60, Trier.

Metzler, D. (2007): Regionalwirtschaftliche Effekte von Freizeitgroßeinrichtungen. Eine methodische und inhaltliche Analyse (Münchner Studien zur Sozial und Wirtschaftsgeographie 46); Kallmünz/Regensburg.

Meyer, J. & Hoffmann F. (2002): Erfolgsfaktoren in der Gastronomie, 2. Auflage.

Meyer, T. & Schade, M. (2007): Cross-Marketing-Allianzen, die stark machen: Mit Partnern schneller erfolgreich werden. Göttingen: Business Village.

Micheelsen, A. (2013): The New Nordic Diet: A Sociological Study of the Acceptance and Appropriation of a Dietary Regime. Kopenhagen: Universität Kopenhagen.

Michelin (2023): Der Guide MICHELIN: Restaurantführer der Rekorde. URL: www.news.michelin.de/articles/restaurantfuehrer-der-rekorde. Abgerufen am 28.08.2023.

Möhring, M. (2017): Kulinarische Reisen vor Ort. Frühe Erlebnisgastronomie auf Kolonial- und Weltausstellungen. Historische Anthropologie, 25(1), S. 49–74.

Moira, P.; Mylonopoulos, D. & Kontoudaki, A.(2015): Gastronomy as a form of cultural tourism: A Greek typology. In: TIMS. Acta 9 (2), S. 135–148.

Moran, W. (1993): Rural space as intellectual property. Political Geography, Nr. 12, S. 263–277.

Moreno-Melgarejo, A.; Lacalle Muñoz de Cuerva, L. & Mattera, M. (2021): Wine Routes of Spain—A Tourism Trend? In: Rüdiger, J., Wagner, D., Dreyer, A. & Stöckl, A. (Hrsg.): Kulinarischer Tourismus und Weintourismus – Culinary and Wine Tourism Conference 2020, Springer Gabler, Wiesbaden, 2021, S. 87–98.

Müller, G. (1994): Touristische Routen als Marketing-Instrument. Grundlage, Analyse und Empfehlungen. Bon, FIT.

Müller, H. (1995): Grundlagen für den Tourismusbericht an die eidgenössischen Räte, Bern.

Müller, H. & Scheurer, R. (2004): Angebots-Inszenierung in Tourismus-Destinationen. In: Jahrbuch der Schweizerischen Tourismuswirtschaft IDT, St. Gallen, S. 71–92.

Müller, J. & Dreyer, A. (2010): Weintourismus – Märkte, Marken, Destinationsmanagement. ITD-Verlag, Hamburg.

Musiolik, T. H. (2017): Marketing: Mehr Erlebnisversprechen!. SW Sozialwirtschaft, 27(4), S. 34–35.

NIT – Institut für Tourismus- und Bäderforschung in Nordeuropa GmbH (2011): Urlaub auf dem Bauernhof/ Urlaub auf dem Lande 2010/11. URL: docs.dpaq.de/882-2011_bmelv-reiseanalyse.pdf. Abgerufen am 16.03.2023.

Olbrich, N. (2020): Kulinarik und Tourismus – Perspektiven eines Experience Design in Destinationen. In: Brandl, S.; Berg, W. ; Herntrei, M. ; Steckenbauer, Ch. & Lachmann-Falkner, S. (Hrsg.): Tourismus und ländlicher Raum – Innovative Strategien und Instrumente für die Zukunftsgestaltung. Berlin: ESV-Verlag, 2021. S. 219–232.

Pauser, W. (2002): Die ‚regionale Küche'. Anatomie eines modernen Phantasmas. In: Wolfgang Pauser (Hg.): Schwerpunktthema: Reisen & essen. Köln: DuMont (Voyage, 5), S. 10–16.

Pendergast, D. (2010): Getting to know the Y generation. In: Benckendorff, P.; Moscardo, G. & Pendergast, D. (Hrsg.): Tourism and Generation Y. CABI, Wallingford, S. 1–15.

Peters, J.E. & Sennlaub, A. (2017): Entwicklungspotenziale des kulinarischen Tourismus: Angebote für die Generation Y. In: Wagner, D.; Mair, M., Stöckl, A. & Dreyer, A. (Hrsg.): Kulinarischer Tourismus und Weintourismus. Culinary and Wine Tourism Conference 2015. Springer Fachmedien Wiesbaden, S. 73–82.

Peters, J.E. (2020): Kulinarischer Tourismus. In: Dreyer, A. & Christian, A. (Hrsg.): Kulturtourismus. De Gruyter Oldenbourg. S. 123–134.

Pine, J. & Gilmore, J. (1999): The Experience Economy – Work is Theater and Every Business a Stage, Harvard Business School Press Boston, Massachusetts.

Pölling, B. & Mergenthaler, M. (2017): Boden als knappe Ressource in städtischen Metropolen – Einflussfaktoren auf Diversifizierungsentscheidungen von Betrieben der urbanen Landwirtschaft. In: Holzhauer, R.; Obergassel, C. & Rehorek, A. (Hrsg.): Ressourcen-Wissen Hebung ungenutzter Potenziale, Tagungsband Vortragsveranstaltung der Fachgruppe Ressourcen des Graduierteninstitutes NRW, 16. März 2017, Hochschule Bochum.

Poppe, S. & Gampfer, R. (2022): Konsumentenverhalten im digitalen Kontext. Wie Empfehlungen auf die Einstellungen der Konsumenten im Marketing wirken. Springer Verlag.

Projekt M (2010): Weintourismus in Rheinland-Pfalz – Ausgangssituation und Perspektiven für das Weinland Nr. 1. URL: docplayer.org/24941595-Weintourismus-in-rheinland-pfalz-ausgangssituation-und-perspektiven-fuer-das-weinland-nr-1.html. Abgerufen am 12.09.2022.

Raab, F. (2012): Das Social Web im Städtetourismus. Eine Untersuchung der Auswirkungen auf Informationsverhalten und räumliche Verhaltensmuster unter besonderer Berücksichtigung von Nischenangeboten, Trier 2012.

Reif, J. (2022): Städte als Motoren des Wachstums. In Tourismusatlas Deutschland. S. 44–45. UVK Verlagsgesellschaft.

Rein, H. & Schuler, A. (2012): Tourismus im ländlichen Raum. In Tourismus im ländlichen Raum, S. 3–10. Gabler Verlag, Wiesbaden.

Rheinland-Pfalz Tourismus GmbH (2012): Ein Leitfaden für Betriebe und Orte Radtourismus in Rheinland-Pfalz. URL: rlp.tourismusnetzwerk.info/download/RPT_Leitfaden_Rad_120814.pdf. Abgerufen am 12.03.2023.

Richter, B.; Bitsch, L.; Diemer-De Schepper, S.; Schweickert, E. & Hanf, J. H. (2021): Strukturveränderungen in der Weinwirtschaft. Berichte über Landwirtschaft-Zeitschrift für Agrarpolitik und Landwirtschaft. Band 99, Ausgabe 2. Bundesministerium für Ernährung und Landwirtschaft.

Rinaldi, Ch. (2017): Food and Gastronomy for Sustainable Place Development: A Multidisciplinary Analysis of Different Theoretical Approaches. In: Sustainability 9 (10).

Rogerson, C.M. & Rogerson, J.M. (2017): City Tourism in South Africa: Diversity and Change, in: Tourism Review International 21(2), S. 193–211.

Rogerson, C. M. (2009): Tourism development in Southern Africa: Patterns, issues and constraints. In: Saarinen, J.; Becker, F.; Manwa, H.& Wilson, D. (Hrsg.): Sustainable tourism in Southern Africa: Local communities and natural resources in transition, S. 20–41. Bristol: Channel View.

Rüdiger, J. & Dreyer, A. (2021): The Role of „Straußwirtschaften" (Wine Taverns) in the German Wine Business. In: Rüdiger, J., Wagner, D., Dreyer, A. & Stöckl, A. (Hrsg.): Kulinarischer Tourismus und Weintourismus – Culinary and Wine Tourism Conference 2020, Springer Gabler, Wiesbaden, 2021, S. 133–144.

Rüdiger, J. & Dreyer, A. (2022): Weinregionen als Speerspitze des regionalen Tourismus – manifestiert im Angebot der Straußwirtschaften. Vortrag im Rahmen der Jahrestagung der Deutschen Gesellschaft für Tourismuswissenschaft e. V. (DGT) in Bern/Schweiz am 09.12.2022.

Rüdiger, J. & Hanf, J. H. (2017): Weintourismus als Instrument des Direktvertriebes in der Weinwirtschaft. In: Berichte über Landwirtschaft, Band 95, Ausgabe 2, Bundesministerium für Ernährung und Landwirtschaft.

Rüdiger, J. & Hanf, J. H. (2019): Wie nutzen Weingüter touristische Elemente zur Diversifizierung? Berichte über Landwirtschaft, Band 98, Ausgabe 1.

Rüdiger, J. & Hanf, J. H. (2021): Kooperationen von Weingütern innerhalb des Leistungsbündels Weintourismus. In: Stoll, M. und Schultz, H.R. (Hrsg.): Deutsches Weinbau Jahrbuch 2021, Eugen Ulmer Verlag.

Rüdiger, J. (2021a): Strategische Erfolgsfaktoren von Weinbaubetrieben bei der Integration von touristischen Elementen. Geisenheimer Berichte, Band Nr. 93.

Rüdiger, J. (2021b): Erfolgsfaktoren zur Steigerung der Resilienz im Weintourismus. Vortrag im Rahmen der 5. Deidesheimer Gespräche zur Tourismuswissenschaft, 04.11.2021.

Rüdiger, J. (2021c): Vinotheken als Erlebnisbestandteil im Weintourismus. In: Berichte über Landwirtschaft, Band 99, Ausgabe 2, Bundesministerium für Ernährung und Landwirtschaft.

Rüdiger, J. (2022a): Instagramability als Chance für den kulinarischen Tourismus. Vortrag im Rahmen der Jahrestagung der Deutschen Gesellschaft für Tourismuswissenschaft e. V. (DGT) in Bern/Schweiz am 10.12.2022.

Rüdiger, J. (2022b): Erlebnisse im Weintourismus. In: Berichte über Landwirtschaft, Band 100, Ausgabe 2, Bundesministerium für Ernährung und Landwirtschaft.

Rüdiger, J.; Hanf, J. H. & Schweikert, E. (2015): Die Erwartungshaltung von Weintouristen in Deutschland. Berichte über Landwirtschaft – Zeitschrift für Agrarpolitik und Landwirtschaft, Band 93, Ausgabe 2.

Scharnowski, F. (2006): Co-Branding als Markenstrategie. Berlin: Logos.

Vilmar, A. (2006): Markenkooperationen, Kooperationsmarketing: Strategien und Entscheidungshilfen für die Praxis. Bonn: Varus Verlag.

Scherhag, K. (2022): Wahrnehmung der Destination (smarke) durch Image und Special Interest Angebote. In: Eisenstein B. & Scherhag, K. (Hrsg.): Images, Branding und Reputation von Destinationen. S. 109–128. Erich Schmidt Verlag GmbH & Co. KG, Berlin.

Scheurer, R. (2003): Erlebnis-Setting. Touristische Angebotsgestaltung in der Erlebnisökonomie. Dissertation. Bern: Universität Bern.

Schmied, M.; Götz, K; Kreilkamp, E.; Buchert, M.; Hellwig, T. & Otten, S. (2009): Traumziel Nachhaltigkeit. Nachhaltigkeit und Innovation. Heidelberg: Physica-Verlag.

Schmitt, B. (2010): Experience marketing: Concepts, frameworks and consumer insights. Foundations and Trends in Marketing, 5(2), S. 55–112.

Schmitt, B.H. & Mangold, M. (2005): Customer Experience Management als zentrale Erfolgsgröße der Markenführung In: Esch, F.-R. (Hrsg.): Moderne Markenführung. Grundlagen, Innovative Ansätze, Praktische Umsetzungen, 4. Aufl., Wiesbaden, S. 287–303. Gabler Verlag.

Schmölz, M. & Medina, M. S. (2020): Interconnecting tourist and everyday space. Chances and challenges of a tourism-induced urbanisation in post-industrial, rural landscapes. URL: www.researchgate.net/profile/Michael-Schmoelz-3/publication/358781805_Interconnecting_tourist_and_ever day_space_Chances_and_challenges_of_a_tourism-induced_urbanisation_in_post-industrial_rural_lanscapes/links/6215003c6164255c72fae4ee/Interconnecting-tourist-and-every day-space-Chances-and-challenges-of-a-tourism-induced-urbanisation-in-post-industrial-rural-landscapes.pdf. Abgerufen am 11.11.2022.

Schmude, J. (2021): Marktsegmente des Tourismus. Darmstadt.

Schulz, A. (2020): Verkehrsträger. In: Schulz, A.; Eisenstein, B.; Gardini, M. A.; Kirstges, T.H. & Berg, W. (Hrsg.): Grundlagen des Tourismus.

Semmer, E. (2012): Megatrend Regionalität. URL: www.lwk-rlp.de/fileadmin/lwk-rlp.de/Beratung/EA/PDF/DV/Megatrend_Regionalitaet.pdf. Abgerufen am 12.09.2022.

Silver, L.; Smith, A.; Johnson, C;, Jiang, J.; Anderson, M. & Rainie, L. (2019): Mobile connectivity in emerging economies. Pew Research Center. URL: www.pewresearch.org/internet/2019/03/07/use-of-smartphones-and-social-media-is-common-across-most-emerging-economies. Abgerufen am 13.11.2023.

Sims, R. (2009): Food, place and authenticity: Local food and the sustainable tourism experience. Journal of Sustainable Tourism, 17(3), S. 321–336.

SINUS-Institut (2021): Fahrrad-Monitor Deutschland 2021. URL: bmdv.bund.de/SharedDocs/DE/Anlage/StV/fahrrad-monitor-2021.pdf?__blob=publicationFile. Abgerufen am 12.03.2023.

Sklar, M. (2010): Imagineering – A behind the dreams look at making more magic real. New York: Disney Editions.

slowfood.de (o. J.): Arche des Geschmacks, URL: www.slowfood.de/was-wir-tun/projekte-aktionen-und-kampagnen/arche-des-geschmacks. Abgerufen am 12.12.2022.

Sohn, E. & Yuan, J. (2013): Who are the culinary tourists? An observation at a food and wine festival. International Journal of Culture, Tourism and Hospitality Research, 7(2), S. 118–131.

South Australien Tourism Commission (1997): Wine and tourism: A background research report. Internet, URL: www.tourism.sa.gov.au/publications/pubsasp?archive=0;;PubCatID=4#Publication102. Abgerufen am 08.01.2023.

Spennemann, D.H.R. & Parker, M. (2021): The changing face of German Christmas Markets: Historic, mercantile, social and experiential dimensions. Heritage 2021, 4, S. 1821–1835.

Staiff, R. & Bushell, R. (2013): The rhetoric of Lao/French fusion: Beyond the representation of the Western tourist experience of cuisine in the world Heritage City of Luang Prabang, Laos. Journal of Heritage Tourism, 8 (2–3), S. 133–144.

Statista Global Consumer Survey (2022): Österreich: Verbreitetste Hobbys und Interessen 2021. URL: de.statista.com/prognosen/1000246/oesterreich-verbreitetste-hobbys-und-interessen. Abgerufen am 10.09.2022.

Statistisches Bundesamt (2011): Einkommenskombinationen in landwirtschaftlichen Betrieben. Landwirtschaftszählung/Agrarstrukturerhebung 2010. Fachserie 3: Land- und Forstwirtschaft, Fischerei. URL: www.destatis.de/DE/Publikationen/Thematisch/Lan dForstwirt-schaft/Betriebe/Einkommenskombinationen2030217109004.pdf?__blob=publicationFile. Abgerufen am 11.06.2022.

Statistisches Bundesamt (2015): Grunderhebung der Rebflächen. URL: www.statistischebibliothek.de/mir/servlets/MCRFileNodeServlet/DEHeft_derivate_00026840/2030315159004.pdf. Abgerufen am 17.06.2022.

Statistisches Bundesamt (2018): Landwirtschaftliche Bodennutzung – Rebflächen – 2017. URL: www.statistischebibliothek.de/mir/servlets/MCRFileNodeServlet/DEHeft_derivate_00035131/2030315177004.pdf. Abgerufen am 17.06.2022.

Statistisches Bundesamt (2021): Grunderhebung der Rebflächen und Rebflächen Erhebung 2020. URL: www.destatis.de/DE/Methoden/Qualitaet/Qualitaetsberichte/Land-Forstwirtschaft-Fischerei/rebflaechenerhebung.pdf;jsessionid=1EDFF640B0E55A1E00D FA173C124279B.live712?__blob=publicationFile. Abgerufen am 17.03.2023.

Statistisches Bundesamt (2021): Grunderhebung der Rebflächen und Rebflächenerhebung 2020. URL: www.destatis.de/DE/Methoden/Qualitaet/Qualitaetsberichte/Land-Forstwirtschaft-Fischerei/rebflaechenerhebung.pdf;jsessionid=1EDFF640B0E55A1E00D FA173C124279B.live712_blob=publicationFile. Abgerufen am 12.07.2022.

Statistisches Bundesamt (2021): Landwirtschaftliche Betriebe insgesamt und mit Einkommenskombinationen 2020. URL: www.destatis.de/DE/Themen/Branchen-Unternehmen/Landwirtschaft-Forstwirtschaft-Fischerei/Landwirtschaftliche-Betriebe/Publikationen/Downloads-Landwirtschaftliche-Betriebe/einkommenskombinationen-2030217209004.pdf?__blob=publicationFile. Abgerufen am 17.06.2022.

Statistisches Landesamt Baden-Württemberg (2016): Agrarstruktur 2016. Url: www.bwagrar.de/artikel.dll/agrarstrukturerhebung2016_NTU4NTEyNw.PDF?UID=9E4069B59FA0D27C742D6D42BEA4DF381E4868F767D218. Abgerufen am 18.03.2023.

Steinecke, A. (2007): Kulturtourismus. Marktstrukturen, Fallstudien, Perspektiven. München: Oldenbourg.

Steinecke, A. (2011): Themenwelten im Tourismus: Marktstrukturen – Marketing-Management – Trends. Oldenbourg Wissenschaftsverlag GmbH.

Steinfort, C. (2019): Erlebnisgastronomie – Merkmale, Besonderheiten und Beispiele. URL: www.paradisi.de/ausgehen/erlebnisgastronomie. Abgerufen am 16.03.2023.

Stöckl, A. & Caseau, C. (2017): Managing Change in Traditional Environments – The Case of the Viennese Heurigen Wine Taverns. In: Wagner, D.; Mair, M.; Stöckl, A. & Dreyer, A. (Hrsg.): Kulinarischer Tourismus und Weintourismus. Culinary and Wine Tourism Conference 2015. Wiesbaden: Springer Fachmedien Wiesbaden, S. 105–122.

Stolpmann, M. (2007): Tourismus-Marketing mit Profil. Reiseziele positionieren – Gäste und Kunden gewinnen, München: mi-Wirtschaftsbuch.

Stone, M. J.; Migacz, S. & Wolf, E. (2019): Beyond the journey: The lasting impact of culinary tourism activities. Current Issues in Tourism, 22(2), S. 147–152.

Stone, M.J. & Migacz, S. (2016): 2016 Foodtravel Monitor. World Food Travel Association.

SWR (2022): Baiersbronn bleibt kulinarischer Hotspot mit drei Sterne-Restaurants. In: SWR Aktuell. URL: www.swr.de/swraktuell/baden-wuerttemberg/tuebingen/guide-michelin-sterne-fuer-gourmet-restaurants-in-baiersbronn-sonnenbuehl-tuttlingen-bad-teinach-zavelstein-100.html. Abgerufen am 22.02.2022.

Szolnoki, G.; Tafel, M. & Reule, M. (2019): Wirtschaftliche Bedeutung und Charakterisierung von Touristen in deutschen Weinregionen: Zusammenfassung der Forschungsergebnisse. URL: www.deutscheweine.de/fileadmin/user_upload/Website/Aktuelles/Presse/2019/Kurzfassung_Weintourismus-Studie_DWI-HSG.pdf. Abgerufen am 06.01.2023.

Tellström, R.; Gustafsson, I.-B. & Mossberg, L. (2006): Consuming heritage: The use of local food culture in branding. In: Place Branding 2 (2), S. 130–143.

Timm, B. (2020): Touristische Routen: Tourismus kompakt. UVK Verlag.

Tischler, S. & Bauer-Krösbacher, C. (2021): Kulinarikreisen in der Zielgruppe der Österreicherinnen und Österreicher 55. In: Rüdiger, J.; Wagner, D.; Dreyer, A. & Stöckl, A. (Hrsg.): Kulinarischer Tourismus und Weintourismus – Culinary and Wine Tourism Conference 2020, Springer Gabler, Wiesbaden, 2021, S. 49–56.

TK-Studie (2022): Beweg dich, Deutschland! URL: www.tk.de/resource/blob/2137718/e36e0c1b6bf74908d1c8e541eaa4a0c3/tk-studie-bewegungsstudie-2022-data.pdf. Abgerufen am 12.03.2023.

tourismus plan B GmbH (2017): Landesweites Weintourismuskonzept Baden-Württemberg. URL: www.weinbauverband-wuerttemberg.de/DATA/SERVICE/Downloads/Landesweites_Weintourismuskonzept_BW.pdf. Abgerufen am 12.09.2022.

Treloar, G.J.; Love, P.E. & Crawford, R.H. (2004): Hybrid life-cycle inventory for road construction and use. Journal of construction engineering and management, 130(1), S. 43–49.

Tung, V.W.S. & Ritchie, J.B. (2011): Exploring the Essence of Memorable Tourism Experiences. Annals of Tourism Research 38 (4), S. 1367–1386.

UNESCO (2022): Browse the Lists of Intangible Cultural Heritage and the Register of good safeguarding practices. URL: ich.unesco.org/en/lists?text=&type[]=00002&multinational=3&display1=inscriptionID#tabs. Abgerufen am 24.02.2023.

unesco.at (2011): Wiener Kaffeehauskultur. URL: www.unesco.at/kultur/immaterielles-kulturerbe/oesterreichischesverzeichnis/detail/article/wiener-kaffeehauskultur/. Abgerufen am 23.09.2023.

Unger, S. & Grassl, W. (2020): Insta-Holidays and Instagrammability. Journal of Tourism Leisure and Hospitality, 2(2),S. 92–103.

UNWTO (United Nations World Tourism Organisation) (2003): Rural Tourism in Europe: Experiences, Development and Perspectives. Madrid.

UNWTO (United Nations World Tourism Organisation) (2012): Global report on food tourism (AM Reports No. 4). Madrid.

Urry, J. (1990): The „consumption“ of tourism. Sociology, 24(1), S. 23–35.
Uthoff, D. (1988): Tourismus und Raum. Entwicklung, Stand und Aufgaben geographischer Tourismusforschung. Geographie und Schule, 53, S. 2–12.
Utopia GmbH (2019): Nachhaltig reisen, aber konventionell buchen – So halten es bewusste Konsumenten mit Nachhaltigkeit beim Reisen. URL: utopia.de/utopia-insights/studie-nachhaltig-reisen. Abgerufen am 10.09.2022.
Varsamis, E. (2018): Are social media influencers the next-generation brand ambassadors? URL: www.forbes.com/sites/theyec/2018/06/13/are-social-media-influencers-the-next-generation-brand-ambassadors. Abgerufen am 09.11.2022.
Visit Sweden (2023): Skandinaviens größtes Straßenfest Malmöfestival. URL: visitsweden.de/regionen/sudschweden/malmo/skandinaviens-grosstes-strassenfest-malmofestival/. Abgerufen am 23.02.2023.
Vornholt, H. & Grau, J. (2001): Wein Enzyklopädie, Artikel Straußwirtschaft. Gräfe und Unzer Verlag.
Wagner, D. (2015): Gastronomie und Culinary Tourism. In Fritz, K.-P. & Wagner, D. (Hrsg.: Forschungsfeld Gastronomie,. S. 87–98. Springer Gabler, Wiesbaden.
Webster, M. (2019): Pretty as a (moving) picture: Food, beverage menu innovation shifts to embrace „Instagrammability“. Prepared Foods, 188 (3), 22.
Weichhart, P. (2007): Regionale Identität als Thema der Raumplanung? In: Stiftung Natur und Umwelt Rheinland-Pfalz (Hrsg.): Denkanstöße. Landschaftskult – Kulturlandschaft. Mainz (6), S. 28–41.
Wechsler, B. (2008): Von der Probierstube zur modernen Vinothek – Wertschöpfungspotentiale für die Direktvermarktung. URL: www.dlr.rlp.de/Internet/global/themen.nsf/1bf01248c22dacd6c125707c002e7de6/77f11040e5dbf8a3c125742e002c18 88/$FILE/Vinotheken%20Nahe.pdf. Abgerufen am 05.02.2023.
Weiss, C. R. & Thiele, H. D. (2002): Diversifikation und Wachstum landwirtschaftlicher Unternehmen. German Journal of Agricultural Economics, 51(670-2016-45602), S. 156–163.
welt.de (2017): Wiener Kaffeehäuser sind mythische Orte. URL:vwww.welt.de/reise/staedtereisen/article160922848/Wiener-Kaffeehaeuser-sind-mythische-Orte.html. Abgerufen am 23.09.2022.
Widawski, K. & Oleśniewicz P. (2019): Thematic Tourist Trails: Sustainability Assessment Methodology. The Case of Land Flowing with Milk and Honey. Sustainability 2019,11, 3841.
Wientourismus (2020): Der Wiener Urlaubsgast. URL: b2b.wien.info/resource/blob/323920/40ef77437fde47c6d3591e13184c9128/t-mona-ergebnisse-de-data.pdf. Abgerufen am 23.09.2022.
Williams, H.A.; Williams, R.L. & Omar, M. (2014): Gastro-tourism as destination branding in emerging markets. International Journal of Leisure and Tourism Marketing, 4(1), S. 1–18.
Winemakers Federartion of Australia (2002): Wine Tourism Strategic Business Plan 2002–2005: Embrance the Challenge. Internet, URL: www.wfa.org.au/PD F/NWTS%Strategic%20Plan.pdf. Abgerufen am 11.01.2023.
Winsky, N. & Zimmermann, G. (2020): Insta-Research zum #westweg im Schwarzwald – wie digital repräsentierte Wandererfahrungen auf Instagram mittels quantitativer und qualitativer Methoden untersucht werden können. Zeitschrift für Tourismuswissenschaft, 12 (3), S. 317–342.
WirtschaftsWoche (2022): Milliardengeschäft Weihnachtsmarkt. URL: www.wiwo.de/bilder/nachrichten-und-meinung-milliardengeschaeft-weihnachtsmarkt/4728950.html. Abgerufen am 29.03.2023.
Wöhler, K. (1997): Quantitative Nachfrageanalyse. In: Marktorientiertes Tourismusmanagement 1, Springer-Verlag, Berlin/Heidelberg, S. 137–157.
Wolf, E. (2006): Culinary Tourism: The Hidden Harvest, Portland 2006.
Wolf, E. (2014): Have Fork Will Travel: A Practical Handbook for Food and Drink Tourism Professionals. Portland, OR: World Food Travel Association.

Wölfle, F. & Schnorbus, L. (2019): Weihnachtsmärkte-Charakterisierung der Besucher und Bedeutung Unterschiedlicher Faktoren für Diese. In IU Discussion Papers—Tourismus Hospitality; IU Internationale Hochschule: Erfurt.

Wölfle, F. & Ens, S. (2023): Digitale Anwendungen in der touristischen Besucherlenkung–Erhalt und Steigerung der Attraktivität und Akzeptanz. In Innovatives und digitales Marketing in der Praxis: Insights, Strategien und Impulse für Unternehmen (S. 267–275). Wiesbaden: Springer Fachmedien Wiesbaden.

Woods, V.; Meades, J.; O'Conner, P. & Barr, A. (1982): Cuisine Poseur. In: Harpers & Queen, August, S. 66–70.

Yeoman, I.; Mc Mahon-Beattie, U.; Fields, K.; Albrecht, J.N. & Meethan, K. (2015): The future of food tourism. Bristol, UK: Channel View Publications.

YouGov (2016): Was darf Ihrer Meinung nach beim Weihnachtsmarktbesuch von Ihnen nicht fehlen? In Statista. URL: de.statista.com/statistik/daten/studie/781609/umfrage/umfrage-zu-dingen-die-auf-einem-weihnachtsmarkt-nicht-fehlen-duerfen. Abgerufen am 26.02.2023.

Zeit Online (2020): Wie Corona den Fahrradboom verstärkt. URL: www.zeit.de/mobilitaet/2020-09/radfahrer-coronavirus-fahrrad-boom-staedte-zahlen-verkehr. Abgerufen am 12.03.2023.

Zemke, D.M.V. & Pullman, M. (2008): Assessing the value of good design in hotels. Building Research & Information, 36(6), S. 543–556.

Zukunftsinstitut (o. J.): Megatrend Individualisierung. URL: www.zukunftsinstitut.de/dossier/megatrend-individualisierung. Abgerufen am 21.12.2022.

Abbildungs- und Tabellennachweise

Abbildungsnachweise

Infografik zu Beginn | traditionelles Handwerk (© Christopher Ames, iStock), schwimmende Märkte in Thailand (© izzetugutmen, iStock), Street-Food-Festival (© Aleksandr_Vorobev, iStock), Ansicht Venedig (© Eloi_Omella, iStock)

1 | eigener Entwurf auf Basis von Literatur- und Internetrecherchen
2 | eigener Entwurf auf Basis von Literatur- und Internetrecherchen
3 | eigener Entwurf auf Basis von Literatur- und Internetrecherchen
4 | Rüdiger (2022a)
5 | https://www.flickr.com/photos/4nitsirk/7912419592
6 | eigener Entwurf in Anlehnung an Hall & Sharples (2003)
7 | Rüdiger (2022a)
8 | Rüdiger, Screenshot
9 | eigener Entwurf in Anlehnung an Statistisches Bundesamt (2011, 2015, 2018 und 2021)
10 | Rüdiger (2021)
11 | Rüdiger, Badacsonytomaj (Ungarn) (2022)
12 | Rüdiger, Deidesheim (2023)
13 | Rüdiger, Keltern (2023)
14 | eigener Entwurf verändert nach ETI (2009)
15 | Rüdiger, Berlin (2023)
16 | eigener Entwurf auf Basis von Literatur- und Internetrecherchen
17 | eigener Entwurf auf Basis von Literatur- und Internetrecherchen
18 | Rüdiger, Deidesheim (2023)
19 | Rüdiger (2022b)
20 | eigener Entwurf in Anlehnung an Rüdiger (2022b)
21 | eigener Entwurf verändert nach Bartsch und Brandstädter (2013)
22 | Binder et al. (2021)
23 | https://www.flickr.com/photos/markusunger/15565139444
24 | https://upload.wikimedia.org/wikipedia/commons/9/95/Street_food_in_Tokyo_Japan_2017.jpg
25 | Rüdiger, Berlin (2023)
26 | eigene Erhebung
27 | Rüdiger, Bern (2022)
28 | eigene Erhebung (2022)
29 | eigene Erhebung (2022)
30 | eigene Erhebung (2022)
31 | eigene Erhebung (2022)
32 | verändert nach Rüdiger et al. (2015)
33 | eigene Darstellung nach Bauer-Krösbacher et al. (2017)
34 | https://www.flickr.com/photos/hansthijs/1844888949/in/photolist-3P2xda
35 | eigener Entwurf auf Basis von Literatur- und Internetrecherchen
36 | eigener Entwurf auf Basis von Literatur- und Internetrecherchen

37 | Rüdiger (2023)
38 | https://commons.wikimedia.org/wiki/File:Bier_und_Burgenstra%C3%9Fe_Verlauf.jpg
39 | Rüdiger (2023)
40 | https://commons.wikimedia.org/wiki/File:Malm%C3%B6festivalen_2018-08-16_12.jpg
41 | eigener Entwurf verändert nach BMEL (2017)
42 | BMEL (2017)
43 | Nina Noll, Mannheim (2022)
44 | Rüdiger (2022a)
45 | Rüdiger (2022a)
46 | Rüdiger (2022a)

Autorenfotos Interviews

Stefan Wemhoener | Rüdiger, Deidesheim (2023)
Hansjörg Mair | Schwarzwald Tourismus GmbH

Tabellennachweise

1 | eigener Entwurf auf Basis von Literatur- und Internetrecherchen
2 | ADFC (2023)
3 | Rüdiger (2022b)
4 | BMEL (2020); Europäische Kommission (2023)

Stichwörter